ジョン・グレイ

猫に学ぶ

いかに良く生きるか

鈴木晶訳

みすず書房

FELINE PHILOSOPHY

Cats and the Meaning of Life

by

John Gray

First published by Allen Lane, 2020

猫に学ぶ ▒ 目次

1　猫と哲学

ある哲学者が、飼い猫をヴィーガン〔動物性食品をいっさい食べないベジタリアン〕にすることに成功したと言うので、どうせ冗談だろうと思って、どんな手を使ったのかと訊いてみた。ネズミの味がするヴィーガン用ペットフードを与えたのか？　見習うべきお手本として、すでにヴィーガン生活を実践している他の猫に引き合わせたのか？　それとも、肉を食べるのは悪いことだと説いて聞かせたのか？　私の冗談に、彼はにこりともしない。猫を菜食主義に改宗させたと本気で信じているようだった。そこで最後に訊いてみた。その猫は家の外に出かけるんですか？　答えはイエス。それで謎が解けた。明らかにその猫は、よその家に行ったり自分で獲物をとったりしていたのだ。何かの死骸を家に持ち帰ったとしても（悲しいかな、倫理観に乏しい猫はよくこれをやる）、たまたま高徳の哲学者の目にとまらなかっただけの話だ。

　道徳教育の実験の被験者にされた猫が、実験する人間をどう見ていたか、それを想像するのはたやすい。最初は哲学者の企んでいることに面食らっただろうが、じきに興味を失ったことだろう。猫は超リアリストだから、明確な目的があるとか、すぐに楽しみが得られるとき以外は、まず何もしない。人間の愚かさを目の当たりにしたとたん、さっさとどこかへ行ってしまう。

猫を菜食主義に改宗させたと信じていた哲学者は、哲学者なるものがいかに愚かになりうるかをみずから証明したにすぎない。猫に教える代わりに、猫から何かを学ぼうとしたなら、少しは賢くなれたであろうに。人間は猫にはなれない。しかし、自分のほうが優れた生き物だという思い込みを捨てさえすれば、どうして猫はいかに生きるかについて必死に探求しなくても幸せに生きられるのかが理解できるかもしれない。

猫は哲学を必要としない。本性（自然）に従い、その本性が自分たちに与えてくれた生活に満足している。一方、人間のほうは、自分の本性に満足しないことが当たり前になっているようだ。人間という動物は、自分ではない何かになろうとすることをやめようとせず、そのせいで、当然ながら悲喜劇的な結末を招く。猫はそんな努力はしない。人間生活の大半は幸福の追求だが、猫の世界では、幸福とは、彼らの幸福を現実に脅かすものが取り除かれたときに、自動的に戻る状態のことだ。それが、多くの人間が猫を愛する最大の理由かもしれない。人間がなかなか手に入れられない幸福が、猫には生まれつき与えられているのだ。

哲学の源は不安である。猫は、脅かされたり、知らない場所に置かれたりしないかぎり、不安に苦しんだりしない。人間にとっては世界そのものが、脅威にみちた、見知らぬ場所だ。宗教とは、非人間的な宇宙を、人間的で住みやすい場所にしようとする企てである。そうした宗教を哲学は、これまでしばしば、自分たちの形而上学的な思弁よりもずっと下に見てきたが、宗教も哲学もしょせん同じ欲求から生まれたものだ。[1] どちらも、人間でいることにともなう、いつまでも消えない不安をなんとか取り去ろうとする。

愚かな人たちは、猫に哲学ができないのは抽象思考能力に欠けるからだと言うだろう。だが、抽象思考能力をもちながらもこの世界で快適に生きる能力を保っている猫というものを想像することはできる。もしその猫たちが哲学したら、かなり面白い幻想小説みたいなものになるだろう。猫の哲学者たちは、哲学を不安の解消法とは捉えず、一種の遊びとして没頭するにちがいない。

猫に抽象思考が欠けていることは、猫が人間よりも劣っていることを示しているのではなく、彼らの自由な精神の証である。概括的思考の能力は、迷信的な言語崇拝へと容易に横滑りする。哲学史の大半は、言語によってつくりあげた虚妄への崇拝に占められている。自分が触れ、嗅ぎ、見ることに頼っている猫は、言語には支配されない。

哲学は人間精神の弱さを証明している。人間は祈るのと同じ理由で哲学する。人間は自分が人生で築いてきた意味が脆弱であることを知っており、それが崩壊するのを恐れながら生きている。死は意味の最終的崩壊だ。自分自身に語りきかせてきたすべての物語が終わりを告げる。そこで人間は、肉体を超え、時間を超越した世界へと移行し、その別世界で人間の物語を語りつぐことを夢想する。

哲学はその歴史のほとんどを通じて、死を否定する証拠となる真理を探究してきた。プラトンの形態論（永遠の世界に存在しつづける不変のイデア）は、人間の価値は死に抗して保証されるという神秘的な幻だった。猫は死のことをいっさい考えない（ただし、いつ死が訪れるかをじゅうぶん知っているように見える）。だから猫はプラトンのような虚妄を必要としない。猫が哲学を理解できたとしても、そこから学ぶことは何もないだろう。

猫からは学ぶことがあると気づいた哲学者もいる。一九世紀ドイツの哲学者アルトゥール・ショーペンハウアー（一七八八年生まれ）は有名なプードル好きで、後半生には続けて何匹も飼ったが、どの犬もアトマとブッツという同じ名前で呼んだ。それはともかく、猫を少なくとも一匹飼っていた。一八六〇年に彼が自宅の長椅子で心臓麻痺によって死んだとき、かたわらにいたのは名前のない猫だった。

ショーペンハウアーは、自己は幻想にすぎないという自説の証明としてペットを利用した。人間は猫を、自分たちと同じような独立した個体として考えがちだが、ショーペンハウアーに言わせればそれは誤りだ。どちらもプラトン的形態の生きた例であり、この元型はさまざまな例にくりかえしあらわれる。究極的に、個体のように見える個々の生き物は、もっと根本的な何かがほんの束の間あらわれたものにすぎない。ショーペンハウアーに言わせれば、生への不屈の意志こそが、真に存在する唯一のものである。

『意志と表象としての世界』の中で、彼はこう述べている。

もし私が誰かに、いま庭で遊んでいる猫は、三百年前にそこで同じように飛び跳ね、悪さをしていたのと同一の猫だと、まじめな顔をして断言したら、その人は私の頭がおかしいと思うだろう。私だって、そんなことはわかっている。しかし同時に私は知っている。今日の猫が三百年前の猫と何から何まで徹底的に別物であると考えるほうがずっと馬鹿げているということを。［……］というのも、個体のなかにはつねに別の存在が見出されるというのは、ある意味ではもちろん真実である。［……］だが別の意味では、つまり、実在物は事物の永久的な形態、すなわちイデアにのみ属しているという意味では、真実ではない。このことはプラトンにとってはあまりに明白だったので、これが彼の根本思想となった。[2]

猫は「永遠の猫」の儚い影であるというショーペンハウアーの猫観はなかなか魅力的だ。でも自分の知っている猫を思い浮かべたとき、まず頭に浮かぶのは彼らに共通する特徴ではなく、むしろ個々の違いだ。瞑想に耽っているような落ち着いた猫もいれば、遊び好きの猫もいる。用心深い猫もいれば、向こう見ずな冒険好きもいる。平和を好む温和な猫もいれば、声高に自分を主張する猫もいる。趣味、くせ、個性は猫によってさまざまだ。

猫は他の動物（とくにわれわれ人間）とは異なる本性をもつ。猫の本性、そしてわれわれがそこから学びうること、それが本書の主題である。しかしながら、猫と暮らしたことのある人間なら誰しも、猫を、単一の型の、交換可能な一例と見なすなどできないはずだ。個々の猫は唯一無二の存在だ、しかも多くの人間よりも個性的だ。

もっとも、ショーペンハウアーの動物観は他の哲学者より人間的だった。いくつかの証言によると、ルネ・デカルト（一五九六―一六五〇）は、人間以外の動物には意識がないという自説を証明するため、猫を窓の外に放り投げた。猫の悲鳴は機械的反応である、というのがデカルトの結論だった。デカルトは犬を用いた実験もやっていて、ヴァイオリンの演奏を聴かせながら犬を鞭打って、ヴァイオリンの音が犬を怖がらせるかどうかを確かめようとした。実際、犬はヴァイオリンの音に怯えた。

「我思う、ゆえに我あり」という表現を考えたのはデカルトだが、これはすなわち、人間は本質的に精神であり、たまたま身体器官でもある、という意味だ。デカルトは方法的懐疑という土台の上にみずからの哲学を築こうとした。彼は、動物の魂を否定する正統派キリスト教を疑うことなど夢にも思わず、自分の合理主義哲学によってキリスト教を更新したのだった。彼は自分の実験が、人間以外の動物は理性をもたぬ機械であることを証明したと信じていたが、それが実際に証明したのは、人間は他のどんな動物よりも無思慮になりうるということだ。

　意識はさまざまな生き物に発現しうる。自然選択における一本の糸が人類へと通じているとしたら、別の一本はタコへと通じている。いずれも、あらかじめ決められたものではない。進化とは、生命がしだいに自意識をもっていく過程ではない。意識は偶然に出現し、それをそなえている生き物のなかであらわれたり、消えたりする[3]。二一世紀の超人間主義者《トランスヒューマニスト》たちは進化を、完全な自意識をもった宇宙精神へと至る道だと思っているが、そういう見方は一九世紀の神智学、オカルティズム、スピリチュアリズムにも見られた[4]。そのいずれをとっても、ダーウィン理論にもとづいたものではない。人間の自意識なんて、一度限りのまぐれ当たりのようなものかもしれない[5]。

　味気ない結論だと思われるかもしれないが、どうして自意識に最高の価値を見出さなくてはならないのか？　意識はこれまで過大評価されてきた。部分的な自意識をもった生き物をたえず生産し続ける、明暗入り混じった世界のほうが、自分自身の反映の揺るぎない輝きにどっぷり浸かった世界よりも興味深いし、生きる価値があるではないか。

意識はそれ自身に向けられると、良い生活の邪魔になる。これまでつねに自意識は人間の精神をふたつに引き裂き、辛い経験を、意識から隔離された部分へと押し込めようとしてきた。押し殺された痛みは、人生の意味をめぐる疑問を生む。痛みは苦しみを生み、やがて忘れられ、人生の歓びが戻ってくる。猫は自分の生活を検証する必要がない。この生が生きるに値するかどうかという疑問をもたないからだ。人間の自意識はたえまない不安を生み出し、哲学はそれを解消しようと必死に努めてきたが、その努力は空しかった。

猫を愛する反哲学者ミシェル・ド・モンテーニュ

ミシェル・ド・モンテーニュ（一五三三―九二）は、猫について、また哲学の限界について、哲学者よりも理解していた。彼はこう書いている。「私が猫と遊んでいるとき、私が猫を相手に暇つぶしをしているのか、猫が私を相手に暇つぶしをしているのか、私にはわからない[6]」。

モンテーニュはしばしば近代ヒューマニズムの、すなわち神の観念を棄てようとする思想潮流の、創始者のひとりと評されるが、実際には、神に対してと同じくらい人間に対しても懐疑的だった。こう書いている。「あらゆる生き物のなかで人間はもっとも弱々しく、しかも最も自負が強い」。モンテーニュは過去の哲学を片っ端から調べてみたが、動物たちが生まれつきもっている、いかに生きるべきかという智恵に代わるものを提供してくれる哲学はひとつもなかった。「われわれ人間が彼らを野獣と見なしているのと同じ理由で、野獣たちはわれわれを野獣と見なしているのかもしれない」(7)。いかに生きるべきかを体得しているという点で、人間以外の動物は人間に勝る。この点で、モンテーニュはキリスト教や西洋哲学の主流とは一線を画している。

モンテーニュの時代には、懐疑主義者になることは命がけだった。ヨーロッパの他の国々と同様、フランスは宗教戦争で荒廃していた。かつて父はボルドーの市長をつとめたが、モンテーニュ自身も同じ市長をつとめ、宗教戦争に巻き込まれ、一五七〇年に俗世間から身をひいて書斎に閉じ籠もってからも、カトリックとプロテスタントの仲裁者として活動を続けた。モンテーニュの家系にはマラーノがいた。イベリア半島にいたユダヤ人のうち、異端審問から逃れるためにやむをえずキリスト教に改宗した人びとである。モンテーニュは教会擁護の文章を書くことで、先祖たちがこうむった迫害から身を守ろうとしていたのかもしれない。同時に彼は、理性を疑うがゆえに信仰に対して開かれた思想家たちの流れに属していた。

古代ギリシャの懐疑論は一五世紀ヨーロッパで再発見された。モンテーニュは、懐疑論者のなかでも最もラディカルな流派、ピュロン主義の影響を受けた。エリスのピュロン（紀元前三六〇頃―二七〇頃）は、アレクサンドロス大王の軍に参加してインドまで行き、「裸の賢者《ジムノソフィスト》」、すなわちヨガ行者のもとで修行したといわれる。ピュロンはそのアタラクシア（静謐）という観念を、インドの行者たちから借用したのかもしれない。静謐《アタラクシア》とは心の平静な状態を意味するが、この語を最初に用いたのはピュロンだろう。信じることと信じないことの対立を保留することで、懐疑論者は内的混乱を免れることができる。

モンテーニュはピュロン主義から多くを学んだ。晩年に閑居した塔の梁《はり》には、ピュロンを信奉した哲学者セクストス・エンペイリコス（一六〇頃―二一〇頃）からの引用が刻まれていた。セクストスの著書『ピュロン主義哲学の概要』は懐疑論を次のように要約している。

われわれのいう懐疑主義の基本原理は、平静になることへの希望である。才能ある人びとは、物事がうまくいかなくて困ったり、どちらの側に同意すべきかについて迷ったりしたとき、何が正しくて何が間違っているのかを調べ、それらの問題を解決すれば平静になれると考えた。(8)

しかしモンテーニュは、哲学は――ピュロン主義のような哲学でも――人間を混乱から解放することはできないのではないかと考えた。その随想《エセー》の多くにおいて、彼は信仰を擁護するためにピュロン主義を用いた。ちなみにこのエセーという語は、「試み」とか「企て」を意味するフランス語からモンテーニュが造った言葉である。

ピュロンに言わせれば、何事も知ることはできない。モンテーニュの言葉を借りれば、「人間は病を背負っている。その病とは、何かを知っているという確信だ」[9]。ピュロンの弟子たちは、議論や原理ではなく自然に頼って生きよと教えられた。しかし、もし理性が無力だとしたら、宗教の神秘を受け入れればよいのではないか？

古代ヨーロッパ世界における三つの主な流派――ストア主義、エピクロス主義、懐疑主義――はいずれも平静状態を目標に掲げた。哲学は鎮静剤であり、規則的に服用すれば心の静謐《アタラクシア》がもたらされる、と。哲学することの目標は平和だったが、モンテーニュはそうした希望を抱かなかった。「すべての流派のすべての哲学は、あるひとつのことに関しては一致している。すなわち至高の神は精神と肉体の平安の中にあるということである。しかしわれわれはそれをどこに見出せばよいのか？〔……〕われわれに与えられてきたのは風と煙だけだった」[10]。

どんなにラディカルなピュロン主義者よりもさらに懐疑的だったモンテーニュは、哲学すれば人間の不安はなくなるとは考えなかった。むしろ哲学は、人間を哲学から癒すのに役立つ。ルートヴィヒ・ヴィトゲンシュタイン（一八八九―一九五一）のように、モンテーニュは、普通の言語には過去の形而上学体系の残滓が散乱していることに気づいていた[11]。それらの痕跡を発掘し、自分たちが現実だと考えていたことがじつは虚妄であることを知ることによって、われわれはより柔軟に思考できるようになるだろう。哲学に対する同種療法薬《ホメオパシー》——反哲学といってもいい——を少量服用すれば、われわれも他の動物たちに近づけるかもしれない。そうすれば人間も、哲学者たちが人間より劣った存在として切り捨ててきた生き物から何か学べるかもしれない。

そういう反哲学は、議論ではなく物語で始まることだろう。

メイオーの旅

部屋に入ってきたとき、その猫は影に見えた。入口から差し込む強い光を背景に、小さな黒い形が浮かび上がっていた。外では戦争が荒れ狂っていた。テト攻勢が始まったばかりの一九六八年二月、場所はベトナムのフエ。テト攻勢とは、アメリカ軍と南ベトナム軍を一斉に攻撃した北ベトナムの軍事作戦で、結果的に五年後の、ベトナムからの米軍撤退に繋がることとなった。戦争体験を見事に記録した傑作のひとつ、『フエから来た猫』のなかで、CBSテレビの記者ジョン（ジャック）・ローレンスはフエの町をこう描写している。

フエではこの上なく激しい闘いが繰り広げられていた。ほとんど若者からなる二つの武装集団が、どちらもこの土地をよく知らないまま、どちらもここを占領しようとし、目まぐるしい市街戦を展開し、容赦なく血を流した。文字通りの無法地帯だった。彼らは何も考えずに命を奪い合い、人びとは撃たれ、倒され、殺された。〔……〕結局、より暴力的で力のあるほうの群れがもう一方の群れを追い散らし、この土地を占領した。負けたほうは、死者を抱えて退却し、反撃に備えた。勝者が、廃墟となった町を手に入れた。それがフエだった。(12)

おそるおそる部屋に入ってきた影は、しだいに子猫の形になった。生後二ヶ月くらいで、ローレンスの手のひらに収まるくらい小さかった。やせて、泥だらけで、毛はもつれ、油にまみれていた。くんくんと部屋の空気を吸い、このアメリカ人新聞記者が食べていた軍支給品の缶詰の匂いを嗅ぎつけた。記者がベトナム語で話しかけると、子猫は振り返って、まるで気の狂った人を見るような眼差しで見た。記者は食べ物を少し差し出した。子猫は用心深く近づいたが、手をつけなかった。記者は食べ物を残して部屋を出た。部屋に戻ったのは翌日だった。ドアのところに子猫が姿をあらわし、記者のほうにやってきて、彼が差し出した指の匂いを嗅いだ。

記者は、唯一残っていた食糧である「ビーフ・スライス」と書かれた缶詰を指にのせて差し出した。子猫は調理された肉を噛まずにがつがつ呑み込んだ。それからアメリカ人は売店から取ってきた水にタオルを浸し、子猫の肩をおさえて、耳から泥とノミを掻き出し、口の汚れをこすり取り、あごとひげをきれいに拭いてやった。子猫はじっとおとなしくしていて、洗浄が終わると、前足の毛を舐め、顔をこすった。それが終わるとアメリカ人に近づいて、その手の甲を舐めた。

ジープが到着した。ジャックは自分が帰国の途につくことを思い出した。彼は子猫をポケットに入れたまま、フエを脱出してヘリコプターでダナンに向かった。子猫はメイオーと名づけられ、世界各地からきた新聞記者たちに混じって、一日四回か五回たっぷりご飯を食べた。機内で、メイオーはジャックの上着から必死に逃げ出し、コックピットを探検し、パイロットの安全ベルトにのぼった。ダナンからサイゴンまでは、毛布と玩具の入った段ボール箱に入れられ、機内を歩き回ることもできず、ずっと鳴いていた。サイゴンのホテルで、ジャックは嫌がるメイオーを風呂に入れた。真っ黒に見えた毛皮の下から、きらきらした青い眼の、雑種のレッド・ポイント・シャム猫があらわれた。

ホテルでは、メイオーは決まって一日四度、厨房からもらってきた魚の頭や米を与えられたが、それでも足りなくて他の部屋を徘徊した。自分の部屋にいるときは出窓に飛び上がって、何時間も寝そべっていた。全身で警戒していたものの、ほとんど身動きひとつせず、下方に見える人びとや灯火や乗り物を眼で追っていた。アメリカから来た記者たちは、戦争を生き抜く術として、ドラッグでハイになり、浴びるように酒を飲み、意識を失い、悪夢にうなされて目を覚ますのだった。時おり休暇を与えられて国に帰ったが、戦争は彼らから離れてくれず、祖国でも安眠できなかった。メイオーはというと、「何が起きているのかを、われわれよそ者よりもずっとよくわかっているようだった。［……］戦争のおかげで、囚われの身とはいえ自由になれた。窓際にすわって［……］霞のように漂うタバコの煙に包まれたメイオーの眼は、南シナ海のように深く、青く、神秘的だった[13]」。

　メイオーはねぐらを自分で作った。船荷用の段ボール箱を齧って、一週間がかりで通り抜けられる穴を開けた。ホテルの敷地にいた十数匹の猫たちを威圧し、ほかの猫たちはメイオーを見ると逃げるようになった。部屋や庭を自分の狩り場にし、トカゲ、鳩、虫、蛇を捕まえては食べた。ひょっとしたら孔雀も食べたのかもしれない。というのも、孔雀はいつのまにか姿を消していたのだ。いまやメイオーの歯はナイフのように鋭かった。「じっと伏せて獲物を待つ、小さな白い狩人、生まれつきの殺人者だった[14]」。ホテルのベトナム人従業員を除いて、メイオーは部屋に入ってくる誰に対しても――とくにアメリカ人に対しては――敵意をあらわにした。「彼は人間に恨みを抱いているようだった。［……］ベトナム人以外には誰に対しても敵対的で、誰にも打ち解けず、孤立していた。野蛮で悪意にみちた獣、どこか底知れない、計り知れない猫だった[15]」。

メイオーは恐れをしらず、他の部屋に行ってもけっして捕まることがなかった。ジャックの眼には、しだいにメイオーが『兵法』の著者である孫子の生まれ変わりのように見えてきた。「知的で、豪胆で、狡猾にして残忍。猫の姿を借りた、中国の武人哲学者のベトコン・バージョン。[……] 育ち盛りの彼はタフで、独立心旺盛で、短気だった。勇ましいと同時に冷静沈着。白い毛皮をまとった禅の戦士。[……] 無頓着が彼の魅力のひとつだった。ホテルの外壁沿いに歩いたり、自分より大きな動物を襲ったり、悪知恵を絞った罠を仕掛けたり。自分は無敵だと信じている者に特有の無頓着さで、命を危険にさらしていた。神経質になることはけっしてなく、エネルギーも無駄遣いせず、その動きは流れるようで、謎めいていた[16]」。

メイオーを引き取ることにしたとき、ジャックは、計り知れないほどの規模で生命が滅ぼされていく状況にあって、自分は生命を守ったのだと思った。

私は、殺戮の真っ只中で、食べる物と寝る場所を与えることで、小さく儚いとはいえ、ひとつの生命を守ったのだ。意識してそうしたわけではない。若かったから、自分のしていることの動機についてじっくり考えたりはしなかった。そのときは、それが正しいと思われたのだ。メイオーと私はたがいに相手を敵と思っていたが、どういうわけか、たがいに頼り合う関係になっていた。ただ近くにいるというだけだったが、いわば逆境における安全策だったのか。戦場からホテルに戻り、メイオーが箱の中で動き回ったり、浴室の蛇口から水を飲んだり、机から何かを落としたりする音を聞いていると、わが家に帰ったような安堵感をおぼえた。理由なく襲いかかってくることはだんだんなくなり、獰猛さもしだいに形だけになった。いっしょに命からがらフエを脱出した経験によって、絆ができたにちがいない。メイオーの世話をすることが、年じゅう悲惨な報告を書くこと以外の、ちょっとした生きがいになった(17)。

一九六八年五月に帰国する際、ジャックはメイオーを別の便の貨物室に乗せた。もしサイゴンに残っていたら、戦争で死んでいった無数の動物たちと同じ運命を辿ったことだろう。数え切れない犬、猿、水牛、象、虎その他が戦争中に殺された。ベトコンが再度攻勢をかけてきたら、食糧がなくなっていただろう。メイオーは鍋の中で一生を終えたかもしれない。ジャックは、海外渡航のための予防接種を受けさせるため、メイオーをサイゴン動物園に連れて行った。動物の一部は前回の攻勢で餓死し、もはや訪れる人もほとんどなかった。数日後、メイオーは叫び、引っ掻き続けながら、ニューヨークまで三十六時間の旅をした。ジャックに引き取られ、車の中で放されると、メイオーはダッシュボードに跳び上がり、ジャックの肩に登り、あらゆる物の匂いを嗅ぎ、行き交う車を見つめた。コネチカットに住むジャックの母の家に着くと、メイオーはアメリカ製ツナ缶を平らげた。

メイオーは新しい家に慣れ、近所の猫たちを怯えさせ、狩りをし、見知らぬ大人には襲いかかったが、近所の子どもたちとは仲良く遊んだ。人間のほうがメイオーに合わせた。メイオーは電気掃除機の音に震え上がった。戦車や戦闘機を思い出させたのかもしれない。それでメイオーがいるときには電気掃除機は使わないことになった。メイオーに飛びかかられた家政婦は、やめてしまった。メイオーが姿を消したときには、ジャックの母が何日も探し回ったが、結局、ガレージの箱の中にいた。交通事故で大怪我をし、なんとか家まで帰ってきたのだった。

獣医は「望みなし」と言った。肩の骨が砕けていたので、動物病院で大掛かりな手術をする必要があった。だが六週間入院した後、メイオーはジャックの母の家に戻ってきて、お気に入りの場所をチェックし、木に登ったり、ひなたぼっこをしたり、狩りをしたりという以前の生活に戻った。だがじきに肺炎になり、激しくくしゃみをし、食欲がなくなり、ふたたび三週間入院した。禁断のご馳走がひそかに持ち込まれ、病院のスタッフからは可愛がられた。今回は完治したが、くしゃみは死ぬまでとれなかった。

メイオーは退院すると、コネチカットから、マンハッタンの古いブラウンストーンの建物の中にある、ジャックがパートナーのジョイと同棲していた寝室ひとつだけのアパートに移った。一九七〇年、ジャックは一ヶ月だけベトナムに戻り、メイオーはさびしがっているように見えたが、ジャックが帰ってきたとき、メイオーは知らん顔をした。しきりにジャックの荷物の匂いを嗅いだ。何かを思い出すかのように。ジャックがサイゴンから買ってきたおもちゃを与えると、メイオーは目もくれず、その日の午後中、自分の段ボール箱に籠もっていた。だがジョイによると、メイオーはベッドに登り、ジャックの頭のそばにすわり、眠っているジャックの顔を何時間も眺めていたという。

アメリカに帰ってからも、ジャックはベトナム時代の興奮と恐怖が頻繁に思い出され、悪夢から逃れるために、酒とドラッグの助けを借りた。一九七〇年代に入る頃には、ニューヨークはすっかり危険な町になり、ジャックは戦場に戻ったような錯覚に陥ることもあった。ロンドン支社に欠員が出たので、彼はそれに応募した。それでジャックとジョイはメイオーを連れてロンドンに移り、娘をふたりもうけた。メイオーは検疫のために六週間隔離されていた。ジャックとジョイが定期的に面会に行ったにもかかわらず、メイオーはこの隔離を死ぬまで忘れなかった。いや、許さなかった。ふたりの家に来たメイオーは以前にも増して乱暴になり、アパートのいたるところに爪を立てた。眠っている最中にも時には「あたかも［……］幽霊と闘っているかのように」体を硬直させたり、身震いしたりした。(18)

メイオーはじきに、ジャック、ジョイ、そしてふたりの子どもたちとの生活にすっかり慣れた。娘のひとりジェシカは食間にメイオーにおやつをやり、夜はいっしょに寝た。メイオーは旧友どうしのようにジャックと付き合うようになってきて、夜遅く、ジャックの指からウィスキーを数滴舐めてから寝るのだった。メイオーは一九八三年まで生きたが、二回目の肺炎が命取りになった。もっと暖かい土地に住みたかっただろうな、とジャックは思った。メイオーの寿命を縮めたのはイギリスの気候だった。

ジャックはメイオーをこう回想する。

夜、ひとりっきりで、アパートのいちばん遠い隅を歩き回りながら、鳴き声をあげた。それまで一度もあげたことのないような声で、私が聞いたことのあるどんな動物の声ともちがっていた。自然から、家から、家族から引き離された動物の呼び声のように聞こえた。呼び声というよりむしろ嘆きのような、長く力強い遠吠えで、それは叫びでも、猫がふつうに出すニャーオという声でもなく、魂のいちばん深いところから発せられる、森が嘆いているような鳴き声だった。メイオーが鳴くのは、家族全員が寝てしまい、家の中が静まりかえって、自分ひとりになったと思える時だけだった。誰かを呼ぶのではなく、自分自身を呼ぶ声だった(19)。

メイオーが大胆に世界を旅しているあいだ、人類はその行き当たりばったりの歩みを続けていた。メイオーがベトナムを去ってほどなく、古都フエは徹底的に破壊された。匿名のアメリカ人少佐が記者の質問にこう答えた。「街を救うためには街を破壊する必要があった」。いわゆる「フエの大虐殺」において、北ベトナム軍は数千の住民を殺戮した（正確な数は不明）。アメリカ軍は「オレンジ剤」という枯葉剤を用いて、無数の動物が棲んでいた森を枯らし、人間にも遺伝子異常をもたらした。五万八千のアメリカ兵が戦死し、約二百万のベトナム人が殺された。負傷者、手足を失った者、心に傷を負った者の数は知れない。

歴史の煙と風に包まれながら、メイオーは激しく楽しい生涯を生きた。人間の狂気によって故郷から無理やり引き離されながらも、どこの土地でも立派に生きた。

ジャックは書いている。

私とメイオーは、たがいの生存者としてのスキルを讃え合うようになっていたのだと思う。割り当てられた限定数の生命〔猫に九生あり〕は疾うの昔に使い切っていたから、その後は一日一日をボーナスとして生きた。それに、彼は賢かったようだ。彼にはすべてがわかっていた。私たちは友達どうしになっていた。私たちの怒りと愛の混じった長い友情は、いつのまにか、たがいの国どうしの絆を象徴するものになっていた。それはたがいの血に染まり、生命と苦しみと死の、解きがたい抱擁に包まれていた[20]。

いかにして猫は人間を手なずけたか

猫が人間に手なずけられたことはかつて一度もない。フェリス・シルヴェストリス(ヨーロッパ山猫)という、たった一種類の猫が人間と共生する術を身につけ、世界中に広まった。今日の家猫は、フェリス・シルヴェストリスのなかの一種、フェリス・シルヴェストリス・リビカ(リビア山猫)の子孫である。これが一万二千年前ごろ、現在のトルコ、イラク、イスラエルにあたる近東地域で、人間と共棲しはじめた。その地域の村々に侵入した猫たちは、自分たちに都合が良いように、人間により定住型の生活をさせることに成功した。貯蔵した種子や穀物に引き寄せられてくるネズミやその他の動物を捕食し、人間たちが殺して食べた動物の残り肉を食べながら、猫たちは人間の居住地を自分たちの安定した食糧源にした。

最近の研究によれば、五千年くらい前に中国で、それと同じようなことが起きた。そこではフェリス・シルヴェストリスの中央アジア変種が同様の戦略を展開した。ひとたび人間に接近してしまうと、役に立つ動物として受け入れられるのは時間の問題だった。農場や船の害獣対策として猫を飼うことが一般的になった。猫たちはネズミ捕りとして、密航者として、あるいは偶然の旅行者として、それまで住んだことのない世界各地へと船出していった。今日、多くの国では、人間の共同生活者として、猫は犬その他の動物よりも数が多い[21]。

この飼い馴らしの過程を先導したのは猫たちであり、彼らは自力でこれをなしとげた。初期人類の居住地に住み着いた他の動物たちとちがって、猫は人間のすぐそばで暮らし続けながらも、その本性は大きく変化しなかった。家猫のゲノムと野生種のそれとの違いはごくわずかである。脚が少し短くなり、毛皮の色が多彩になったが、アビゲイル・タッカーが指摘するように、「ネコは人間に混じって暮らすようになってからも身体的な特徴をほとんど変えていないために、専門家は今もなおイエネコと野生のネコを区別できないことが多い。このことはネコの飼いならしの研究を難しくしている。古代の化石を調べるだけでは、ネコが人間との暮らしに移行した時期を特定するのはほぼ不可能で、そうした化石は現代のものとほとんど変わりがないのだ[22]」（西田美緒子訳）。

家の中で飼われている場合を除いて、家猫の行動は野生猫のそれと大して変わらない。猫がふたつ以上の家を自分の家と見なしていることもあるが、いずれにせよ家は、猫が食べ、眠り、子どもを産む基地である。縄張りの境界は明確で、雄のほうが雌よりも縄張りが大きいが、必要に迫られれば体を張って守る。家猫の脳は野生猫と比べるとやや縮んだが、だからといって家猫の知能や適応性が低いというわけではない。縮んだのは「戦うか逃げるか反応」を含む部分なので、家猫は、人間や知らない猫と遭遇するといったストレスフルな状況を許容できるように変化したのである。

猫が人間に受け入れられたひとつの理由は、ネズミの数を減らすのに役立つことである。猫はネズミを食う。数千年前にすでに、人間が貯蔵している穀物を食べるネズミを食っていた。しかし多くの環境下において、猫とネズミは天敵どうしではなく、たがいを意識しながら、たとえば家のゴミのような食糧源を共有することもある。猫は害獣対策としては大して有効ではないのだ。イエネズミは家猫とともに進化し、猫と共生する術を身につけたのかもしれない。猫がネズミから数センチの距離にいるにもかかわらず、ネズミに対してまったく関心を示していないことを物語る写真も少なくない。[23]

人間が猫を家に迎え入れたもっと根本的な理由は、猫が人間に、猫を愛することを教えたということである。これこそが猫の飼い馴らしの真の土台だ。あまりに魅力的なために、猫はこれまでしばしば異世界からやってきた生き物だと見なされてきた。人間は人間世界以外の何かを必要とし、その何かがないと気が狂ってしまう。最も古く最も普遍的な宗教であるアニミズムは、人間以外の動物を精神的に人間と同等のもの、いや人間より上位のものと見なすことで、その要求に応えた。そうした人間以外の生き物を崇拝することによって、われわれの祖先は自分たちの生を超えた生と交感することができた。

人間を手なずけてから、猫は食糧調達手段として、狩猟に頼る必要がなくなった。とはいえ猫はその本性からして今なお猟師であり、人間から食べ物が得られないと、すぐに狩猟生活に戻る。エリザベス・マーシャル・トーマスが『猫たちの隠された生活』で書いているように、「猫の物語は肉の物語である」[24]。大型であろうと小型であろうと、猫は超のつく肉好きで、野生の猫は肉しか食べない。現在、大型の猫属が絶滅の危機に瀕しているのはそのためである。

人間が増えると人間の居住空間が拡大し、自由な空間が減る。猫はきわめて適応力のある生き物で、ジャングルでも砂漠でも山でもサバンナでも繁殖してきた。進化という点からみて、猫は大成功をおさめてきた。しかしながら一方で、猫はきわめて脆弱だ。住まいや食べ物が手に入らなくなると、人間と対立することになり、かならず負ける。

自分の食べ物を狩り、殺すことは猫においては本能的なことであり、子猫の遊びは狩猟ごっこである。猫が生きるためには肉が必要なのだ。猫は他の動物の肉からのみ、重要な脂肪酸を摂取できる。冒頭に例に挙げた哲学者がめざしたような肉抜きの生活は、猫にとって死を意味する。

猫の狩りの仕方は、猫について多くのことを教えてくれる。群れで狩りをするライオンは別として、猫属は単独で狩りをし、しばしば夜に、獲物の後を付けたり、待ち伏せたりする。待ち伏せして獲物を得る猫は、自分より小さな獲物に機敏に飛びかかる能力を進化させた。進化的に犬の祖先であるオオカミは、支配と服従の関係で結束した群れで、自分たちより大きな獲物を狩る。オオカミは一夫一妻制で、双方が子育てに関わる。そうしたオオカミの特徴は、猫にはひとつも当てはまらない。猫どうしの関係は、孤独な狩猟者としての彼らの本性に由来する。

だからといって猫がつねに単独だというわけではない。つねに単独でいられるはずがあろうか。交尾のためには雄と雌がいっしょになるし、家族の一員として生まれてくるし、安定した食糧源があるときには共同体を形成することもある。複数の猫が同じ空間に住んでいると、一匹が他を支配するようになることもあるが、人間や進化的に人間に近い動物に見られる相互関係を形成するような安定した上下関係はまったく見られない。チンパンジーやゴリラとちがって、猫はボスやリーダーは生み出さない。必要に応じて、欲求を満足させるために協力し合うが、いかなる社会集団をも形成することはない。猫の群れとか、集団とか、組織とか、集合体といったものはない。

リーダーをもたないことが、人間に服従しない理由のひとつかもしれない。現在、こんなに多くの猫が人間と共生しているにもかかわらず、猫は人間に服従せず、人間を崇敬することもない。たとえ人間に依存していようと、人間から独立している。人間に愛情を示すとき、それは欲得ずくの愛情ではない。いっしょにいるのが嫌になると、どこかへ行ってしまう。もし人間のそばにいるとしたら、いっしょにいたいのだ。このことも、人間の多くが猫を可愛がる理由のひとつだ。

すべての人間が猫好きだというわけではない。最近では、狂犬病のような病気、寄生性トキソプラズマ症、黒死病を引き起こす病原菌をばらまく、「DDT並みの環境汚染物[25]」だとして槍玉に挙がっている。鳥の糞が人間の健康に及ぼす悪影響のほうが大きいが、猫に対する最も一般的な非難のひとつは大量の鳥を殺すことだ。それによって自然のバランスを破壊していると、猫は非難されている。しかし猫に対する憎悪を、環境に及ぼしうる危険という観点から説明することは難しい。

病気の危険に対しては、アメリカで広くおこなわれているTNRのような対策方法がある。外で生活している猫を捕獲し（Trap）、病院でワクチンを接種し、避妊手術をほどこして（Neuter）から解放する（Release）、というやり方だ。鳥の被害は、鈴をつけるなどの方法で減らせる。そもそも生態系多様性の破壊者として、人間以外の一種類の動物だけを槍玉に挙げることには無理がある。問題の主犯は人間という動物なのだから。たしかに狩猟者として比類ない効率性をそなえた猫は、世界のあちこちで生態系を変えてしまったかもしれない。だが現在進行中の地球規模での大量絶滅を推進しているのは人間である。
猫に対する憎悪は今に始まったものではない。近代初期のフランスでは、民衆の祭儀まで引き起こすことになった。猫はそのずっと前から悪魔やオカルトと結びつけられていた。宗教的祝祭では仕上げとして、しばしば猫が焚き火で焼かれたり、屋根から放り投げられたりした。時には人間の創造性の豊かさを示すかのように、猫が火の上に吊るされ、生きたまま焼かれた。パリでは、生きた猫を詰めた籠や樽や袋を高いマストから吊るして焼くことが恒例行事になっていた。家を建てるときに猫を生きたまま床の下に埋める慣習もあり、これはその家に住む人の幸運を約束すると信じられていた。[26]
一六三八年の元日、英国のイーリー大聖堂では、囃したてる大群衆の前で、猫が生きたまま串焼きにされた。その数年後、イングランド内戦中、王党派と戦っていた議会派は、リッチフィールド大聖堂において、猟犬を使って猫狩りをした。チャールズ二世の治世下には、ローマ教皇の像を燃やす行進において、その像の中に生きた猫が詰められた。悲鳴が劇的な効果を挙げるというのがその理由だ。地方の定期市では、籠に入れて吊るされた猫を標的にした射撃が人気の娯楽になっていた。[27]
フランスのいくつかの町では、イギリスよりも派手な、火をつけられた猫が街路を逃げまどうのを追いかけるという見世物が催された。別の見世物では、猫を縄で縛り、毛が剝げ落ちるようにした。ドイツでは、そういう見世物で拷問される猫のあげる声は「猫の音楽《カッツェン・ムジーク》」と呼ばれた。多くのカーニバルでは最後に模擬裁判が開かれ、猫は棍棒で半殺しにされてから絞首刑に処せられた。群衆はそうした見世物に大爆笑した。また、しばしば猫は禁じられた性的欲望の化身として、手足を切断されたり、殺されたりした。聖パウロ以来、キリスト教徒は、セックスには破壊的な力や悪魔的な力さえそなわっていると信じていたのである。猫が人間の道徳から自由でいることが、中世人の心のなかでは、宗教によるセックス禁止に対する女性その他の反抗を連想させたのかもしれない。この種の一神教にあっては、猫が悪の化身と見なされることは不可避だった。ヨーロッパのほぼ全域にわたって、猫は魔女の手先と見なされ、魔女といっしょに、あるいは魔女の代わりに、拷問されて火あぶりにされた(28)。

魔女狩りの嵐がおさまった後も、猫に対する拷問はなくならなかった。一九世紀イタリアの神経学者パオロ・マンテガッツァ（一八三一―一九一〇）は、フィレンツェ高等学術院の教授で、イタリア人類学会の創立者であり、後にはイタリア議会の進歩的な議員になった人物だが、ダーウィン主義者を自認し、人類は「アーリア人」を頂点として「黒人《ネグロイド》」を底辺とする階層へと進化してきたと信じていた。この有名教授は、みずから誇らしげに「痛めつけ機《トーメンター》」と呼んだ機械を発明した。猫に「長くて細い釘を刺して」、ちょっとでも動くと激痛が走るようにしたうえで、皮を剝ぎ、切り裂き、ねじ曲げて骨を折り、死に至らせる。この実験の目的は痛みの生理の解明だった。動物には魂がないというキリスト教の教義を棄てようとしなかったデカルトと同じく、この著名な神経学者は、動物の拷問は知の探求によって正当化されると信じていた。宗教の残酷さを科学が完成したのである。[29]

猫に対する憎悪は、本質的には羨望の裏返しなのかもしれない。多くの人間の生活は悲惨さにみちているので、他の動物を拷問することは息抜きになる。自分よりもひどい苦しみを与えることができるからだ。なかでも猫を苦しめるのはひときわ痛快だ。猫は自分の生活に満足しきっているからだ。猫に対する憎悪はたいてい、悲惨さにどっぷり浸かった人間の自己嫌悪が、不幸ではないように見える動物たちに向けられたものだ。

猫は自分の本性に従って生きるが、人間はそれを抑圧して生きる。逆説的だが、それが人間の本性である。それは同時に、野生がもつ永遠の魅力でもある。多くの人間にとって、文明は監禁状態である。恐怖に支配され、性的には飢えていて、怒りを抱えているが、それを表に出すことはできない。だから人間は、自分を肯定して生きている動物を見ると無性に腹が立つ。陰鬱な惨めさのなかで日々を生きている人間にとって、動物の虐待は恰好の気晴らしなのだ。猫を拷問して火あぶりにした中世のカーニバルは、鬱に苦しむ人間たちの祭だったのだ。

猫が非難されるのは、猫が自分の世話をしてくれる者に対して一見無関心だからだ。食べ物と寝る場所を与えてやっているのに、猫はわれわれを自分の飼い主とも主人とも思っておらず、ただいっしょにいること以上、何ひとつお返ししてくれない。リスペクトをもって猫に接すれば、猫もわれわれ人間のことが好きになるが、われわれが死んでも、寂しがることはない。人間が援助しなかったら、猫はすぐに野生に戻ってしまう。猫は将来のことをほとんど心配していないように見えるが、われわれ人間より長生きするつもりらしい。人間が自分たちの世界を拡大するために用いた船にちゃっかり乗って、猫は地球上のあらゆる場所に広まった。人類や人類のつくったものがすべて跡形もなく消えてしまった後も、猫はいつまでも生き続けるのではあるまいか。

2　猫はどうして必死に幸福を追求しないのか

人生の目的は幸福になることだと言うことは、自分は惨めだと言っているに等しい。幸福を目標に掲げるのは、いつか将来に実現したいと考えているからだ。だが現在は過ぎ去り、不安が忍び寄る。人びとは明るい将来への道がさまざまな出来事によって妨害されているのではないかと不安になる。そこで不安を解消してくれそうな哲学に、現代ならば心理療法《サイコセラピー》に、助けを求める。

哲学は治療を標榜してはいるが、じつはそれが治すと称している病の症状にすぎない。人間以外の動物は、自分が置かれている状況から気を逸らす必要がない。人間にとっての幸福は人工的な状態だが、猫にとっては自然状態だ。猫は、彼らにとって不自然な環境に閉じ込められているとき以外、退屈することがない。退屈とは、自分以外に誰もいないという恐怖である。猫は自分しかいなくとも幸福だが、人間は自分から逃げ出すことで幸福になろうとする。

それが猫と人間の最大の違いだ。精神分析の創始者ジクムント・フロイトが見抜いたように、人間には無気味な悲惨さが付き物だ。フロイトはそれがどういう状態なのかをいっさい説明しなかったし、精神分析によってそれが治るとも思っていなかった。今日、その悲惨さからの解放を約束する技法は数え切れないほどある。そうした療法はどれも、他の人間たちとの共生にともなう不快感を軽減させる術は教えてくれるかもしれないが、人間であることにともなう不安を取り除いてはくれない。多くの人間が猫といっしょにいることを好むのはそのせいだ。愛猫家はしばしば、猫を擬人化している、つまり人間感情をもっていない動物に人間感情を投影しているとして非難される。しかし愛猫家は猫のなかに自分自身を見出すから猫を愛するのではない。猫が自分とはあまりに違うから愛するのだ。

犬とはちがい、猫は人間もどきにはならなかった。猫はわれわれ人間と交流するし、彼らなりのやり方で人間を愛するが、その存在の最も深い次元では、われわれとはまったく異質の存在だ。猫が人間世界に入ってきたおかげで、人間は世界の外を見られるようになった。われわれ人間は自分自身の思索という牢獄から解き放たれ、必死に幸福を追求してもかならず失敗するのはなぜかを、猫から学ぶことができる。

哲学者が幸福について論じるとき

これまで哲学が自由な探求であったことはほとんどない。中世においては神学の従僕だったし、現代では中産階級の学者たちの偏見を正す営みであるが、最も初期の哲学は平静さを教えることをめざした。

古代の哲学者たちのなかでも、エピクロス派は、欲望を抑制することで幸福を手に入れることができると考えた。今日、エピキュリアンといえば、美食や美酒その他の人生の歓びを味わっている人のことを指す。だが本来のエピクロス派は快楽を最小限にしようと努める禁欲主義者たちだった。彼らはパンとチーズとオリーブしか食べなかった。セックスについては、薬として、つまり欲求不満に効く薬として用いられるかぎり、反対しなかったが、夢中になることや、現代では恋愛と呼ばれるものと結びついたセックスは否定された。心の平安を乱すからである。それと同じ理由で、野心をもったり政治に関与したりすることは固く禁じられた。じゅうぶんに手入れの行き届いた庭園の静かな場所に身を潜めることで、苦痛と不安から逃れ、静謐《アタラクシア》を達成することができる。

エピクロスはどこか釈迦に似ている。どちらも欲望を棄てれば苦しみから解放されると説く。だが釈迦のほうが現実的で、平安は輪廻転生から離脱することによって、言いかえれば個体として生きるのをやめることによって、達成できると説く。悟りを開いた人間はその一生のうちに至福の状態を経験できるかもしれないが、もう二度と生まれ変わらないときにはじめて苦しみから解き放たれる。

輪廻転生を受け入れるならば、この物語はなかなか魅力的だ。エピクロス派の物語のほうが受け入れるのが難しい。エピクロスとその弟子たちにとって、宇宙は無のなかに浮かんでいる原子の混沌である。神は存在するかもしれないが、われわれに対しては無関心だ。人間の仕事は自力で苦しみの原因を取り除くことだ。ここまでは仏教とよく似ている。違うのは、エピクロス派が約束するのは、誤った信仰と過度の欲望から生じる苦しみからの解放だけだということである。死を受け入れることは可能だ。実際、エピクロス自身、死の床についてからも陽気でありつづけ、教えることをやめなかった。しかし、果てしない飢え、過労、迫害、貧困で苦しんでいる人びとに対して、エピクロスに何が語れるのだろうか。

もしそういう贅沢が許される時代と場所に生きていて、かつ、幸運にもあなたにそれだけの余裕があるならば、エピクロスのいう隠遁を楽しむことができるだろうが、これまで、ほとんどの人にはできなかったようだし、これからもできないだろう。そうした隠遁所が実在したのはたしかだが、それらはほんの限られた人たちだけのものだったし、すでに戦争や革命で破壊されてしまった。エピクロス哲学のもっと根本的な限界は、それが推奨する生き方が精神的に貧弱だということだ。それは神経衰弱的幸福である。病後療養所のように、雑音はいっさい許されない。心安まる静寂だけが支配している。そこでは生は停止し、生の歓びは失われている。スペイン系アメリカ人哲学者ジョージ・サンタヤーナは、ローマ時代の詩人・哲学者ルクレティウスについて論じるなかで、その貧弱さを取り上げている。ルクレティウスはその詩『事物の本性について』において、エピクロスの幸福感を語っている。

何が積極的に価値があるのか、何を達成できるのか［……］といったことに関するルクレティウスの考えはじつに貧しい。迷信からの自由、その自由によって得られる範囲の自然科学、友情、ほんののいくつかの安っぽくて健康的な動物との交流。そこには愛も、愛国も、大事業も、宗教もない(1)。

エピクロス派は、どんな境遇においても楽しめるようなごくわずかな楽しみだけが残るところまで、人生の楽しみを削ってしまうことによって、平静に到達しようとした。ストア派は同じ目標に別のルートからアプローチした。ストア派の考えでは、思考をコントロールすれば自分の身に降りかかるどんなことをも受け入れられる。宇宙はロゴス、すなわち理性に支配されている。ある出来事を破滅的だと感じるのは、それが宇宙の秩序の一部であることをまだ理解していないからだ。平静に至る道は、その秩序に自分を同化することだ。これさえ成しとげれば、事物の体系に参加することに満足を見出すことができる。

このストア派の哲学は、奴隷から支配者にいたるまで、社会のさまざまな階層から支持された。それがどのように用いられたかは、マルクス・アウレリウス（一二一―一八〇）の『自省録』に書かれている。この精神的な日記において、アウレリウスは世界における自分の位置を受け入れ、自分の義務を果たすことに精を出しているが、この本は世界の退屈さに溢れている。彼はつとめて以下のようなことについて考えようとする。

すべての物はなんとすばやく消えてしまうことだろう。身体そのものは宇宙の中に、身体の記憶は時間の中に。すべての感覚的な物、とくに快楽を餌にしてわれわれを誘惑するもの、苦痛の恐怖で怯えさせるもの、虚栄心で拍手喝采されるものなどは、どんなものだろう。それらはなんと安っぽく、いやしく、汚れていて、腐敗しやすく、死んでいることだろう。これらはわれわれの知能が考えるべきことだ。その意見や判断によって名誉を受けたり不名誉を受けたりする人びととはどんな人びとなのか。死ぬということはどういうことか。もしわれわれが死そのものを見つめ、思考の分析能力を働かせて、死を取り巻いているあらゆるイメージを取り去れば、それが自然のしわざ以外の何物でもないことがわか

るだろう。(2)

これは人生の肯定ではなく、人生に対する無関心の姿勢である。頭のなかで、自分が必須の部分であるような合理的な体系を組み立てることで、アウレリウスは不幸や死と和解しようとする。この哲学者皇帝は、もし自分の内部に合理的な秩序を見出すことができれば不安や絶望から救われると考えていた。宇宙が合理的だというだけでなく、合理的なものは正しく良い。アウレリウスはこの虚構の一体感のなかに平安を見出すことを夢みた。

アウレリウスに言わせれば、理性は、意志をもって意志を殺すことを要求する。その結果は忍従と諦念にみちた葬式である。この哲学者皇帝は、静まりかえったローマ大霊廟に立っている不動の彫像のようになることを夢みた。だが夢から人生へと引き戻された彼は、哲学という身にまとう屍衣を、最初からまた編みなおさなくてはならない。

ロシアの詩人・エッセイスト、ヨシフ・ブロツキーはこう書く。

古代人にとって、哲学は人生の副産物だったのではなく、人生が哲学の副産物だった。たぶんここでは一時的に「哲学」という言葉を封印しておくべきだろう。なぜならストア派、とくにローマ時代のストア派を特徴づけるものは知への愛ではなく、むしろ生涯にわたる忍耐の実験だった。[3]

皇帝としてのつとめ（彼はそれを、宇宙が彼に与えた役目だと信じようとした）を粛々と果たしながら、アウレリウスは自身の悲しみについてじっと考えることのなかに安らぎを見出した。

ストア派は認めていた、どんな賢者でも人生の最悪の痛みには堪えられない。そういうときには自殺が許される。果たすべき社会的責任があるときには自殺すべきではないが、状況によっていかなる理性的な生き方もできないときには自殺も容認されると、アウレリウスは考えていた。

ストア派の哲学者・政治家・劇作家のセネカはさらにその先をゆき、人生にうんざりしたら自殺もやむをえないと考えた。若い弟子に宛てて、こう書いている。

> きみはまだ何かを期待しているのか。きみを足踏みさせ、引き留めている楽しみですら、きみはもう味わい尽くしたではないか。きみにとっては何ひとつ目新しい快楽はないではないか。すべてにうんざりして、見たくもないと思っているではないか。ワインもリキュールも味わい尽くしたではないか。膀胱を通過するのが百樽であろうと千樽であろうと違いはない。［……］人生においては、芝居と同じように、大事なのはその長さではなく、

どれだけ良い演技をしたか、だ。どこで人生を終えるかはどうでもよいことだ。好きなときにやめればよい。大事なのは幕の引き方だ。お達者で。(4)

セネカは自殺した。ただしそれは自分の意志ではなかった。皇帝ネロ暗殺計画に荷担したとして、ネロに自決を命じられたのだ。ローマの歴史家タキトゥスによれば、セネカはその命令に従い、みずから静脈を切った。ところがなかなか出血しないので、毒を飲んだ。だがそれでも死にきれず、兵士たちによって熱い浴室に連れて行かれ、窒息死した。

生き方として、平静というのは幻想だ。エピクロス派は、失う快楽を最小限にするために、生活を簡素にしようとした。だが彼らは静かな庭を歴史の動乱から守れなかった。ストア派の賢者は言う――われわれは自分の身に何が起きるかをコントロールすることはできないが、それをどう考えるかをコントロールすることはできる、と。だが、できるのはほんの少しだけだ。発熱、ツェツェ蠅、トラウマ的体験が、決定的瞬間に、あるいは永遠に、われわれの心を乱すかもしれない。ピュロンの弟子たちは、判断を停止することで、内的平静を打ち立てようとした。だが深い懐疑によって、人間でいることに付随する不安を払拭することはできない。

たとえ静謐《アタラクシア》を達成することができたとしても、それはつまらない生き方になるだろう。よくしたもので、まったき平安は、人間がそれほど長く保っていられる状態ではない。

パスカルの気晴らし論

これら古代の哲学にはすべてに共通する欠陥がある。いずれも、人間の理性によって人生を秩序だてることができると夢想しているのだ。精神が、喪失を免れるような生き方を発明するか、どんな喪失にも堪えられるように感情をコントロールすればよいのだ、と。だが実際にはそんなふうにして生き方や感情をコントロールすることはできない。生き方は偶然によって、感情は身体によって形作られる。人生のほとんどは、そして哲学のほとんどは、その事実から目を逸らせようという企てにすぎない。

一七世紀の科学者・発明家・数学者、宗教思想家ブレーズ・パスカルの著作における中心テーマは気晴らしだった。彼はこう書いている。

> 気晴らし。人間は、死もみじめさも無知も免れることができないので、そういうことを考えないことで、幸福になろうとした。[5]

パスカルはこう説明する。

人びとのさまざまな活動について、すなわち宮廷や戦場で直面する危険や問題について、そしてそこから生じるあれほど多くの争い、激情、大胆でしばしば邪悪な企てなどについて、時おり考えるようになってから、私はしばしばこう言ってきた――人間の不幸は、ただひとえに、部屋の中におとなしくしていられないことが原因だ、と。生きていくのにじゅうぶんなほど裕福な男は、もし家で楽しく過ごす術を知っていたなら、航海に出たり、要塞を攻囲したりしないだろう。〔……〕

しかし、われわれのあらゆる不幸の特定の原因を見つけようと、もっとじっくり考えてみて、ひとつの納得のゆく原因を突き止めた。それは、われわれがか弱く死すべき運命を背負っているという、生まれながらの不幸だ。それはあまりにみじめなので、それについてじっくり考えてみようとすると何によっても慰められないほどだ。〔……〕

それゆえ人間にとって唯一の良いことは、それが何であるかを考えるのはやめて、気を紛らせてくれるような何かに没頭するとか、自分を忙しくしてくれる何か新しくて心地よい情熱、つまり賭け事とか、狩りとか、面白い見世物とか、要するに気張らしと呼ばれているものに身を委ねることである。(6)

人間は想像力を使って気分転換する。

想像力。それは人間における支配的能力であり、誤りと偽りの親玉だ。［……］私が語っているのは愚者たちのことではなく、最高の賢者たちのことだ。彼らの間においてこそ、想像力はいちばん説得力を発揮する。理性が反論しても無駄だ。理性には、物事に値段を付けることができないから。

その敵である理性を妨害し支配するこの傲慢な能力は、自分がすべての領域において力をもっていることを誇示するために、人間のなかに第二の本性を作り上げた。想像力は幸福な人間も不幸な人間も、病気の人も健康な人も、金持ちも貧乏人も、従えている。想像力はわれわれ人間に理性を信じさせ、疑わせ、否定させる。また、感覚を停止させたり掻き立てたりする。愚者も賢者も従えている。［……］想像力はすべてを決定する。この世の最高の善である美、正義、幸福を作り出す。(7)

モンテーニュもまた気晴らしについて書いているが、パスカルが救済への障害として拒絶するのに対し、モンテーニュは苦しみに対する自然の治療法として歓迎する。

かつて私はある悲しみに襲われたことがある。それは、私の性格のせいで強烈な悲しみだったが、強烈であると同時に当然の悲しみだった。自分の力だけに頼っていたとしたら、死んでしまったとしてもおかしくない。その悲しみを紛らすためには、心を紛らしてくれる気晴らしが必要だったので、努力と智恵によって、恋に身を投じた。若さがそれを手伝ってくれた。恋が私を慰め、たいせつな友情によってもたらされた病から私を救い出してくれた。私はどんなときにも、そんなふうにする。辛い思いに囚われたら、それを抑え込むより早く交換してしまう。[……]戦えないときは逃げる。逃げることで、脇道に逸れ、技術を用いる。場所も、することも、仲間も変えて、ほかの用事や考えの群れの中に逃げ込むのだ。その群れに紛れ込んでしまえば、悲しみも私の痕跡を見失い、私を見つけられない。

われわれ人間に移り気という恩恵をもたらすときの「自然」のやり方は、これと同じだ。[……](8)

モンテーニュにその悲しみをもたらしたのは、親友で、フランスの裁判官・政治思想家だったエチエンヌ・ド・ラ・ボエシ（一五三〇—六三）の死だった。モンテーニュは彼について有名なエセーを書いている。[9] モンテーニュは親友の死がもたらした悲しみを、「自然のやり方」で克服したのだった。

気晴らしに関して、人間と猫は正反対だ。猫は自己イメージをつくりあげたりしないので、いつかは自分も死ぬという事実から目を背ける必要がない。そのおかげで、時間の経つのが早すぎるとか遅すぎるという恐怖を抱かずに生きている。狩りや交尾、食事や遊びをしていないとき、猫は眠っている。猫には、彼らを休みない活動へと駆り立てる内的苦悩はない。眠っているとき、猫は夢を見ているかもしれないが、別世界にいる夢を見ているとは考えられないし、眠っていないときは完全に目覚めている。もうすぐ死ぬことを悟るときがくるかもしれないが、死の到来を恐れながら生涯を送るということはない。

哲学には人間という動物にそのみじめさから目を背けさせることはできない、ということはモンテーニュもパスカルも認めている。だがそのみじめさが何を指すかについては、ふたりの間に違いがある。モンテーニュは、いくつかの点では他の動物のほうが人間より優れていると考えるが、パスカルは、人間のみじめさこそが、人間が他のすべての動物よりも優れていることの証だと考える。「人間の偉大さは、自分がみじめであることを知っているところにある。木は自分がみじめであることを知らない。だから自分がみじめであることを知るのはみじめだが、自分がみじめであることを知るのは偉大なことだ。［……］それは大領主のみじめさであり、国を失った王のみじめさだ」[10]。モンテーニュは自然に目を向け、パスカルは神のほうを見る。

その短い人生で、パスカルはいくつかの驚くべき知的偉業をなしとげた。一六六二年に三九歳で死ぬまでに、世界最初の計算機をいくつか製作し（二〇世紀のプログラム言語のひとつにパスカルという名が付けられた〔ニクラウス・ヴェルトが一九七〇年に発表〕のはそのためだ）、確立論に多大な貢献をした。彼が考案した、乗り合い馬車による都市の大量輸送交通システムは、一時期パリで実際に運行していた。また、初期のルーレット盤も発明した。パスカルはまちがいなく、近代科学の創始者のひとりである。だがパスカルの一番の関心は宗教にあった。

一六五四年十一月二十三日、パスカルは、それまで姿をあらわさなかった神とじかに出会うという神秘的な体験をした。彼はその体験を紙切れに、さらに羊皮紙に記し、肌身離さずもっていた。彼が死んだとき、服に縫い込まれているのを発見されたそのテキストは、『パンセ』の一部と見なすことができる[11]。

パスカルは辛い晩年を送った。彼は生涯にわたって病に苦しめられたが、死の床についたとき、かつてジャンセニスム（ローマ教皇に否定された、キリスト教の一派）に傾倒していたせいで、藪医者の痛くて無意味な治療を受けるはめになり、ぎりぎりまで秘蹟を受けることができなかった。長いこと苦しんだ末、パスカルは一六六二年八月十九日に世を去った。最後の言葉は「神が私をお見捨てにならないように！」だった。

『パンセ』の大半はモンテーニュの懐疑主義に反論するために書かれた。パスカルの目的は、人間の苦しみの源である慢性的な不安は、人間が自然界に属していないことの証であるのを示すことだった。人間が他の動物を尊敬するのは誤りだ。「人間の偉大さを示さずに、人間がいかに動物たちに近いかを強調するのは危険だ。その下劣さに触れずに偉大さばかり強調するのも危険だ[12]」。最悪なのは人間が動物を神として崇拝することだ。「人間は下劣で、獣にひれ伏し、崇めさえする[13]」。

パスカルにとって、人間の不安は世界の彼方を示している。モンテーニュにとっては、人間の不安は人間という動物の欠陥に由来する。ここでは、私はモンテーニュの側に立つ。人間というのは自己分裂した生き物で、人生の大半は気晴らしのための活動に費やされる。悲しみは動物と共通しているが、人間の場合、思考がつねに自分の身に戻ってくるので、悲しみが倍加する。この再帰的自意識が、人間という動物の特別なみじめさの原因である。

モンテーニュと同じくパスカルも、理性は人間の条件に対する治療法を提供してくれる、という考えを嘲笑する。それでもパスカルは、理性は人間を信仰へと導くのに一役買うと信じていた。有名なパスカルの賭けは、どうして神が存在するほうに賭けるべきかの理由を掲げている。われわれはなんらかの形で賭けるしかない。もし勝てば無限の幸福が得られ、もし神がいなくとも、ほとんど無に等しいほど短い有限の人生を失うだけのことだ[14]。

この議論にはいささか無理がある。パスカルは、われわれはどの神に賭けるべきかをすでに知っていると仮定している。しかし人間はこれまで数多くの神を崇拝してきた。それぞれの神が従順と服従を要求する。もしわれわれが存在しない神に賭けたら、他の神はわれわれを呪うかもしれない。それにまた、われわれの短い人生はそんなに無価値だろうか。われわれが短い人生しかもっていないとしたら、それだけ余計にわれわれにとっては貴重かもしれないではないか。

パスカルによる理性の強調をあまりまじめに受け取ってはいけない。理性は信仰をめざすとパスカルは信じていたが、同時に、理性には信仰を持続させる力がないことも知っていた。持続する信仰の基礎は儀式である。ひとは宗教について考えるよりも、教会や寺院やシナゴーグに行って、他の人びとといっしょになってひざまずき、神をたたえ、祈るべきだ。人間は自分で考えているより以上に機械なのだから。

われわれは自分のことを誤解してはならない。われわれは精神であるのと同じくらい自動機械でもある。そのため、論証だけがひとを説得する手段ではない。［……］証拠が説得しうるのは精神だけだ。最も強力な、いちばん信じられる証拠を提供するのは習慣である。習慣が自動機械を傾け、それが無意識のうちに精神を従わせる。明日も日が昇ること、わわれわれがかならず死ぬことを、誰が証明しただろうか。にもかかわらず、これ以上広く信じられていることがあるだろうか。このように、われわれを説得し、これほど多くのキリスト教徒を生み出すのは、習慣なのだ。[……]われわれはもっと容易な信心、すなわち習慣による信心を身につけなければならない[15]。

信心は身体の習慣である。もし信仰心がほしければ、すでにそれをもっているかのようにふるまえ。そうすれば、じきに精神もそれに続くだろう。実践が信仰を持続させるのだ。

厄介なのは、パスカルの分析は気晴らしをも正当化することだ。彼はこう書いている。「この無限の空間における永遠の沈黙は私を戦慄させる[16]」。しかし、世間の波に身を任せる――スポーツをするとか、新しい恋に身をやつすとか――ことも、宗教を実践するのと同じくらい、実存的不安を振り払うのに効果的であるかもしれない。どんな気晴らしも、うまくやってくれるかもしれない。

パスカルが正しいのは、気晴らしは人間にしか見られない特質だという点である。これまで人間と他の動物との違いについては、道具を作ることだとか、知識の伝達だとか、言語の使用だとか、言われてきたが、これらのうち、人間にしか見られないものはひとつもない。ビーバーは自力で家を作り、カラスだって餌をつかむ道具を用い、猿は前世代から受け継いだ知識を用いて文化を形成する。オオカミの遠吠えやクジラの歌は、彼らがたがいに話し合っている音である。だが、気晴らしをしたいという欲求は本質的に人間特有のものだ。

気晴らしは、人間という動物を定義する特徴に対する答えである。その特徴とは、自意識とともに生まれた死の恐怖だ。象をはじめ、ある種の動物たちは、仲間が死んだとき、死のようなものを認識しているのかもしれない。時間のなかを進んでいくというわれわれの自己イメージは、われわれはいずれ死ぬという認識を生む。そのために人生の大半を費やして、自分自身の影から逃げ回る。

死の否定と、人間の魂の分裂は、表裏一体だ。人間は、自分の死を思い出させるものを片っ端から恐れ、その経験の多くを、自分の内なる無意識的な部分へと押し込む。人生は、闇のなかでじっとしていようという闘いになる。それにひきかえ、猫は、自分自身の内部に闇を抱える必要がない。猫は、昼の光のなかで生きている夜行動物だ。

ホッジと堕落

猫は人生の計画などは立てず、なるがままに生きている。人間は自分の人生をひとつの物語にせずにはいられない。だが、自分の人生がどんなふうに終わるのかは知りようがないので、人生を物語で語ろうとしても、人生がその物語をこわす。それで結局は猫のように、行き当たりばったりに生きることになる。

人間は動物よりも、未来への備えがはるかに大きい。農業や工業によって、人間は季節や天候にあまり依存しなくてすむようになり、その結果、人生が以前よりも長くなった。だが、生き方は今も脆弱なままである。

多くの人は、この数百年間に発達した近代文明はこれからも持続するだろうと安心しきっているようだ。気候変動や地球規模のパンデミックが、これまでとは違うもっと危険な世界をつくりつつあるが、人類はなんとか適応するだろう、と。だが、どのように適応するかは明らかではない。いま存在しているような社会は別の形に変わるのだろうか。それとも、たとえば封建制とか奴隷制のような過去の制度が復活し、新しいテクノロジーによって維持されるのだろうか。それは誰にもわからない。地上における人間生活の未来は、死後の世界（そのようなものがあるとして）と同じくらい未知だ。

近代の思想家たちの何人かは、社会をつくり直せば、われわれに与えられるべき幸福を手に入れることができると信じた。そういうヴィジョンを疑った者のひとりが、一八世紀イギリスの小説家・伝記作家・辞書編纂者・座談家、サミュエル・ジョンソン（一七〇九－一八四）である。

書店主の息子として生まれたが、生まれつき病弱で、長くは生きられないと思われていた。早い時期から顔や体の痙攣があった。何人かの伝記作家はトゥレット症候群〔音声チック、運動チックが持続する神経疾患〕だったのだろうと書いている。慢性金欠病で、しばしば借金を負いながら、オックスフォードのペンブローク・カレッジに学ぶが、ほとんど勉強できずに中退した。一七三五年、バーミンガムの裕福な商人だった友人ヘンリー・ポーターの未亡人と結婚した。そのエリザベス・「テッティー・」ポーターはジョンソンよりも二十以上も年長で、ふたりの結婚に彼女の家族は反対し、ジョンソンの友人たちは驚愕した。だがふたりの結婚（ジョンソンは「愛の縁組み《ラブ・マッチ》」と呼んだ）は幸福だったようで、テッティーが一七五二年に亡くなるまで続いた。彼女はジョンソンのために出資して学校を創立したが、これはうまくいかず、ジョンソンはフリーの物書きとして人生を送った。妻のことを話すジョンソンの言葉には、感謝と愛情がこもっていた。

モンテーニュと同じく、ジョンソンは根っからの猫好きだった。彼はよく町まで出かけて、黒毛の愛猫ホッジのために牡蠣を買い、ホッジが病気のときは痛みを和らげるための薬草ヴァレリアンを買った。これもモンテーニュと同じく、年とともに鬱状態がひどくなった。

ジョンソンは、人生における最良の道を模索すれば幸福を達成できるという思い込みを馬鹿にしていた。友人であり、彼の伝記を書くことになるジェイムズ・ボズウェルに宛ててこう書いている。

人生は長くないのですから、いかに人生を送るかをめぐる空疎な思案に、あまり多くの時間を費やしてはいけません。慎重に考え始め、明敏にその思案を追求する人間も、さんざん考え抜いた挙げ句、結局はわが身を偶然に委ねるものです。正当な理由にもとづいて、将来の生活の流儀をひとつに決める能力を、創造主はお恵みくださらなかったのです。[17]

ジョンソンはその『アビシニアの王子ラセラスの物語』（一七五九）において、この主張を詳しく述べている。この寓話の最初の題名は「人生の選択」だった。アビシニア（現在のエチオピア）の王の息子は、それまで住んでいた「幸福の谷」を出て、他の国々を旅する。

それまでラセラスは世界のさまざまな悪を知らず、楽園で、平和と美に囲まれて暮らしていた。だが彼はしだいに退屈し、不満が募り、その理由を知りたくなった。だが彼が出会った人びとはひとりとして幸福ではなく、出会った賢者たちも、どうすれば幸福になれるかをラセラスに教えることはできない。自分はあくまで探求を続けるべきか？　彼といっしょに旅していた友人の詩人イムラックは、幸福を探求することは幻を追いかけることだと言い、こう説明する。

イムラックは答えた。「善の原因と悪の原因はじつにさまざまで、不確かで、たがいに絡み合っていることが多く、あれこれの関係のせいで多種多様であり、予測できない出来事に左右されます。そのため、好みの明確な理由にもとづいて自分の境遇を定めようとすると、疑問に悩まされ、あれこれ考えながら一生を終わるはめになります」。［……］

　詩人イムラックは続ける。「みずからの選択によって生きる人はほとんどいません。人は誰でも、自分が予想しなかった、そしてかならずしも自分がすすんで協力したわけではない原因のせいで、現在の境遇に置かれているのです。［……］」[18]。

ラセラスが幸福の探求を断念し、「幸福の谷」に帰るところで、物語は終わる。

　人間はいくら考えても不幸から逃れられないというジョンソンの確信には、彼自身の経験が反映している。彼は生涯を通じて健康問題に付きまとわれた。彼は瘰癧《るいれき》を患っていた。たいていは結核菌に感染した頸部リンパ節が膨れあがる病気である。彼はまた部分的に視力を失った。五十代のときに書かれた自伝的覚え書きに、自分のことを「ほとんど眼の見えない哀れな病気の子ども」と書いている。文字の世界で生きる人間にとって、極度の近視は深刻なハンディキャップだ。彼は十年近くかけて英語辞典を完成させたが、これは偉大な文学作品でもある。家政婦のスレイル夫人によれば、夜、ロウソクの上にかがみ込んで執筆しているジョンソンの「鬘《かつら》の前頭部全体が根もとの網まで燃えてしまっていた」。

ジョンソンは敬虔なキリスト教徒だったが、その信仰によっても平安は得られなかった。年じゅう鬱状態に陥りがちで、自分が発狂するのではないかと恐れていた。いつも鎖と南京錠を用意していて、スレイル夫人に、自分が発狂しそうに見えたら縛ってくれと頼んでいた。ジョンソンにはマゾヒズムの傾向があったのではないかという研究者もいるが、そうではなく、もし自分の錯乱した精神状態が世間に知られたら恥ずかしいし、監禁されるかもしれないと恐れていたのだろう。知り合いだった詩人クリストファー・スマートは七年間精神病院に収容され、その間、唯一の友は飼い猫ジェフリーだった。スマートはこの「虎族」の一員を讃えた有名な詩をジェフリーに捧げた。(19)

ジョンソンは狂気そのものと同じくらい精神病院を恐れていたのかもしれないが、彼がつねに発狂を恐れ、強迫的な儀式によってできるだけ狂気のことを考えないようにしていたことはたしかである。ロンドンの街を歩くとき、彼はすべての郵便ポストにステッキで触った。もしひとつでも触りそこなうと、最初からもう一度散歩しなければならなかった。座っているときは、体をたえず前後に揺らしていた。時には口笛を吹きながら。つねにぶつぶつ独り言をいい、いずれ体じゅうがぴくぴく痙攣していた。トゥレット症候群だったのかどうかはわからないが、いずれにせよ彼は心の底から不安定な人間だった。

だがジョンソンの不安は、すべての人間が抱えている不安が誇張されたものにすぎない。人間生活の大半は痙攣の連続である。仕事、恋愛、旅行、変わっていく人生哲学、これらはすべて心の痙攣であり、それを落ち着かせることはできない。パスカルが言ったように、人間は静かに部屋に座っていることができない。ジョンソンは、自分がどこへ行っても静かに座ることができないことはわかっていたが、それでも自分の不安を解消することはできなかった。他のすべての人間と同じく、彼もまた想像力の奴隷だったのである。

『ラセラスの物語』の第四十四章で、ジョンソンは想像力の危険性を分析し、意志の力で想像力を克服することはできないと結論づけている。

おそらく、厳密かつ正確に述べるならば、正常な状態にある人間精神というものはないのです。想像力が理性に勝たないこともあるという人はいません。意志の力で自分の注意を完全に制御できる人はいません。観念の去来を自由に操れる人はいません。どんな人の頭の中でも、取り止めのない考えが傍若無人にふるまい、正気のときの可能性の限度を超えた希望や恐怖を抱かせるものです。すべての空想力が理性に勝つのは、ある程度の狂気なのです。[……][20]

ジョンソンにとって、想像力から逃れる最良の方法は、誰かといっしょにいることだった。彼は、上流社会の文学者たちと付き合うのと同じくらい気楽に、ロンドンの吹きだまりに住む人びととも交流した。国王ジョージ三世と会話を交わした後、なんの抵抗もなくホームレスと会話をし、家に連れ帰ったりした。思索によってではなく、社会に溶け込むことで、彼は自分自身から逃げることができたのだ。

人間以外に、孤独に耐えられない動物はいるのだろうか。少なくとも猫はそうではない。猫はその一生のほとんどを、満足感にみちた孤独のなかで過ごす。しかし時には人間といっしょにいることを好み、人間が自分では解消できない病的な不安を消し去ってくれることもある。ジョンソンは自分の猫にそうした力があることを見抜いていて、「とても良い猫だ。本当に良い猫だ」と書いている。ホッジはジョンソンに、連れの人間には与えられない何かを与えてくれた。「楽園からの転落」の前に、生を垣間見せてくれたのだ。

『ラセラスの物語』に描かれた、一八世紀版エデンの園である「幸福の谷」は、誰も再訪できない場所である。王子は「幸福の谷」に帰る決心をするが、この小説の最終章は「何も結末しない結末」と題されており、王子も「幸福の谷」も、彼がそこを出ていったときとは同じでありえないことは明白だ。

楽園にいられるのは、楽園にいるということがどういうことかを知らない間だけである。それを知った瞬間、楽園は消えてしまう。どんなに必死に考えても、楽園に戻ることはできない。考えること、つまり自分が死すべき存在であるのを自覚することは、「転落」だからだ。エデンの園で、原初の男女は、自分についての無知をまとっていた。自意識に目覚めたとき、ふたりは自分たちが裸であることを知る。自分について考えることは蛇の贈り物であり、それを返すことはできない。

この一八世紀の言葉職人にとって、楽園とは、自分の思考に苦しめられないような精神状態のことだった。だがジョンソンは、自分で自分を責め苛むという行為が自分には生まれつきのものだと知っていた。「哀れな病気の子ども」はけっして健康になれない。彼にできることは自分から逃げることだけだった。そこで彼は人付き合いに身を投じた。ボズウェルの描く、類い稀な会話の名手は、自分の思考から必死に逃げ回るジョンソンの姿なのである。とはいえジョンソンは逃避以上のものを必要とした。猫という友だけが与えてくれるものを。ジョンソンは、「良家の若者」が発狂して猫を片っ端から撃ったという話を聞いてこうつぶやいた。「ホッジは撃たせるものか。だめだめ、ホッジだけは絶対に撃たせないぞ」。ホッジはジョンソンに、考えることからの、つまり人間でいることからの、息抜きを与えてくれたのだ。

3　猫の倫理

道徳というきわめて奇怪な実践

しばしば猫には道徳観念がないといわれる。命令には従わないし、理想ももっていない。罪悪感を抱いたり後悔したりしているようには見えないし、向上心も欠如しているように見える。世界をより良くする努力もしないし、何をすべきかについて思い悩んでいる様子もない。いかに生きるべきか、それは外的な基準によって決まるという考え方を、もし理解できたとしても、猫たちには笑止千万であろう。

道徳が他の何よりも大事だという人びとは多い。連中に言わせれば、人間と他の動物との最大の違いは善悪の区別があることだ。良い人生とは、生きる価値があるというだけではなく道徳的でなければならない。もしある人生が道徳の必要条件を満たさなければ、その人生には大した価値はない。いや、ひょっとしたらまったく価値がない。道徳が関係するのは特殊な種類の価値であり、他の価値とは比べものにならないくらい貴重である。美や生命そのものと同じように、快楽にも価値があるかもしれないが、それらのものを道徳的に追求しない限り、価値がないか、でなければきっぱりと悪である。このことはすべての人間にあてはまる。道徳の掟は普遍的で絶対的だからである。どのような人間も、何よりもまず道徳的でなければならない。

そのように考える人たちは、道徳が何を命じるかを自分は知っていると思い込んでいる。善悪の区別をめぐっては根本的不一致などあるはずがない。結局のところ、道徳的であることが最高の善なのだから。かくも重要なことに関して、人びとの間に不一致などあるはずがあろうか。だが実際には、さまざまな道徳があり、たがいに矛盾していたりする。今日の一部の人びとにとっては、正義こそが道徳の核心である。しかし、正義は不変でもなければ、彼らが考えているほど重要でもない。パスカルが指摘するように、「正義は、魅力と同じように、流行に左右される[1]」。

道徳にはたくさんの魅力がある。永遠不変の正義というヴィジョンほど魅惑的なものがあるだろうか。でも、正義のヴィジョンの不変なんて、靴のスタイルと同じ程度だ。道徳の必要条件など世代によって変わり、一生の間に一度ならず変わることだってある。ほんの少し前まで、道徳は帝国主義的な力で文明を広めることを要求していた。今日の道徳はいかなる形の帝国主義をも悪と見なす。このふたつの判断は和解しがたいほど対立しているが、どちらもそれを声高に主張する人びとには同じ満足を与える。自分は道徳的なことをしているという満足感を。

道徳について語るとき、人は自分が何のことを話しているのか、わかっていない。と同時に彼らは自分の言っていることに揺るぎない自信をもっている。このことは逆説的に見えるが、そうではない。彼らは自分の感情を表明しているだけなのだ。自説を裏づけるために彼らがどんな事実を引き合いに出そうと、彼らの価値判断には真も偽もない。だからこそ道徳において合意はありえないのだ。もし価値判断が感情表明なら、それについて合意（あるいは異議）があるはずがない。

人間の価値観は感情的で主観的だという信念は近代個人主義の副産物だ、という哲学者たちもいる。[2] だがこの信念は古代ギリシャの懐疑論者たちにも見られるから、この説明は当たっていない。もっと納得がゆくのは、主観的な倫理観は宗教衰退の結果ではないかということだ。普遍的な掟や命令に表明されている「道徳」は一神教の名残である。それらの命令には作者がいないとしたら、そのようなものに一体どんな権威があるというのか。宗教においては、作者は「神」だ。その後、啓蒙主義の勃興に伴って、神は「人間性《ヒューマニティ》」に取って代わられた。だが人間は何物の作者にもなれない。普遍的な人間などというものは存在しないのだから。存在するのは、さまざまな道徳をもった多種多様な人間という動物だけだ。

道徳は単一で普遍的なものだと考えるように育てられた人びとにとっては、これはわかりにくい。そこで彼らはあいかわらず、あたかも道徳が誰にとっても明白であるかのように考え、話す。だが実際には、道徳を実行する人間にとって、まったくもって曖昧模糊としている。(3)

本性に従って生きることについてのスピノザの思索

さいわい、良い人生については別の考え方もいろいろある。古代のギリシャや中国には、今日道徳と呼ばれているものとはおよそ無関係な倫理的伝統があった。ギリシャ人にとって、良き人生とは「ディケー」に従って生きることだった。ディケーとは、自分の本性と、事物の体系におけるその位置のことである。中国人にとっては、良き人生とは道《タオ》に従って生きることだった。道とは、あなた自身の本性にあらわれている宇宙の道筋である。これらふたつの古代倫理の間にはさまざまな違いがある。だが今日われわれにとってもっとも有益なのは両者の共通点である。

どちらの思考法も「道徳」を前面には出さない。なぜならいずれも、すべての人間には「神」によってただ一種類の人生が命じられている、とは考えないからだ。そうではなく、良き人生とは、与えられた本性とともに自力で生きることを意味した。たしかに良き人生にはさまざまな徳が必要だ。特質や技術が生存と繁栄を可能にする。だがそれらの徳は、われわれが道徳だと考えるよう教えられたものだけに関係しているわけではない。徳は、美、健康法、そして生き方全般を含み、しかもそれは人間に限定されるわけではない。そうした理解においては、倫理（「性格」とか「習慣から生じる」を意味するギリシャ語「エティコス」に由来する）は人間以外の動物にも見られる。

　アリストテレスは、イルカの例から、人間以外の動物にも徳があることを認識していた。彼は『動物誌』の随所で、イルカが子どもに乳をやり、たがいにコミュニケーションをとり、餌となる魚を追うときに協力し合うさまを記述している[4]。彼の記述は、漁師たちといっしょにエーゲ海を旅したときの直接の観察にもとづいている。アリストテレスによれば、宇宙のすべてのものには「テロス」、すなわち目的がある。目的とは、それがどのようなものであるかという本性を実現することである。良き人生とは、それが達成された人生のことだ。イルカが共同で魚を追うとき、イルカたちはその目的のために必要な特質、言いかえれば徳を示している。イルカたちはイルカに特有の形で良き生を送っていたのだ[5]。

　古代中国の思想にもそれと同様の考え方が見られる。老子と荘子の道教の中軸にあるのは道《タオ》、すなわち事物のあり方あるいは本性と、それに従って生きる能力、徳《テ》である。「テ」はしばしば「美徳《ヴァーチュー》」と訳されるが、たんに「道徳的」能力を指しているのではなく、事物のあり方に従って行動するために必要な内的能力のことである。それに従うとは、そうしなければならないように行動することであり、これが当てはまるのは人間だけではない。いかなる生物も、自分自身の本性に従って生きる限り、繁栄するのだ。[6]

倫理についてのアリストテレスの記述は人間中心的かつ階層的である。彼は倫理が他の動物にも存在することを認めはするものの、良き人生は少数の人間においてもっともよく実現されると主張する。人間の心は神の心にいちばん似ている。神の心とは、神の叡智、すなわち「ヌース」であり、これは宇宙の目的因であり、「みずからは動かずに動かすもの」である。存在するものはすべて神のようになろうとする。したがってアリストテレスによれば、人間という動物こそが宇宙の「テロス」、すなわち目的・目標である。

この考え方はキリスト教にもうまく合い、通俗的進化論のなかにも根強く残っているが、ダーウィンの理論はまったく違っていて、自然選択に目的はなく、人類は偶然に出現したのである。人類は絶滅した無数の生物より「優れている」わけではない。だがダーウィンはこの考え方を貫くことができなかった。[7] 今日、ダーウィン主義者の多くは、人間は他の動物たちよりも価値があると考えている。宇宙には価値の階層があると考えなければ、これは意味をなさない。

これに反して、道教的な考えでは、人間は少しも特別ではない。他のすべての生物と同じく、人間もまた「わらの犬」である。わらの犬とは儀礼的な作り物で、儀式のために入念に準備されるが、あっさり燃やされる。老子はいう。「天地不仁、以萬物為芻狗（天地自然は非情であり、あらゆるものをわらの犬のように扱う）」[8]。宇宙は依怙贔屓《えこひいき》をしないので、人間が宇宙の目標ではない。宇宙は終わりのない変化の無目的な過程であり、そこにゴールはない。

西洋の主流の伝統では、人間が他の動物よりも地位が高いのは、意識的な思考ができるからである。アリストテレスにとって良き人生とは宇宙について知的に熟考することであり、キリスト教徒にとっては神を愛することである。どちらの場合も、良く生きるために欠かせないのは意識である。それに対して、道教の信者にとって、自己中心的な意識こそが良き人生への最大の障壁である。

アリストテレスによれば、最高の人間は彼自身みたいな人間である。男性で、奴隷を所有していて、ギリシャ人で、知的探求に専念している。自分が生きている時代の偏見を正当化している（これはほとんどの哲学者に見られることだ）ことを別としても、右の見解にはもっと根本的な欠陥がある。それは、人間にとっての最高の人生は、少なくとも原理的には、誰にとっても同じだと仮定しているところである。たしかに、ほとんどの人はそれに到達できないが、そのことは彼らが、到達できる人に比べれば劣っていることを示しているにすぎない。人間の成功は多種多様で、いかなる価値のスケールによってもランク付けできないのだという可能性は、アリストテレスの頭には浮かばなかった。同様に、他の動物だって人間にはできないような形で良き生活を送っているかもしれないという可能性も、アリストテレスは考えもしなかった。

ここでも道教は、眼から鱗《うろこ》が落ちるような対照を見せる。人間の人生は価値によってランク付けされるのではなく、他の動物の良き生活は、人間生活により近いことを意味するわけではない。個々の動物、個々の生物には、それぞれ独自の良き生活があるのだ。

西洋の思想において、そうした考え方にもっとも近いのは、ベネディクト・スピノザ（一六三二―七七）の「コナトゥス」という観念である。コナトゥスとは、世界におけるみずからの活動を保ち、拡張しようとする生き物の傾向である。神経科学者のアントニオ・ダマシオによれば、スピノザは、精神と身体の統一性に関する近年の科学的発見の先駆者であった。そのことを説明するために、ダマシオはスピノザの『エチカ』（一六七七）のある定理を引用している。


引用は『エチカ』の第四部の定理一八からのもので、こう書かれている。「……徳のまさに第一の基礎は個体的自己を保存しようという努力であり、また幸福は、その自己を保存する人間の能力にある」。［……］スピノザが使った言葉について少しコメントしておきたい。［……］conatus は努力とか傾向とか奮闘と訳すことができるが、スピノザはそれらのいずれをも、あるいは、もしかするとそれら三つの意味を混ぜ合わせたものを意味したのだろう。つぎに、virtus という言葉は、それが伝統的にもつ道徳的な意味だけでなく、力や、行動の能力も指している。［……］ここに、先の引用文の見事なところがある。そこには倫理的行動のシステムのための基盤があり、その基盤は神経生物学的である。(9)（田中三彦訳）

スピノザの曖昧な言葉づかいに関するダマシオの指摘は重要である。それは革命的な哲学を伝統的な用語で説明しようとするスピノザの努力のあらわれである。

スピノザがひとつの言葉に多くの意味をもたせたことには、いくつかの理由がある。スピノザもモンテーニュと同じく、「異端審問」による迫害と強制的改宗を避けるためにイベリア半島から逃れたユダヤ人一家の出身だった。モンテーニュよりも大胆だったスピノザは、死後に『エチカ』として出版されることになる考えを、ユダヤ教信者たちに語り、異端と見なされ、一六五六年、アムステルダム中央シナゴーグから破門された。その後、大学教授に招聘されたが、思索においても執筆においても妥協を余儀なくされるのではないかと恐れて、辞退した。代わりにレンズ磨きとしてつつましい生活を送ったが、この仕事が寿命を縮めたのかもしれない。

スピノザを異端と見なした批判者たちは正しい。スピノザにとって、神とは宇宙を創造した力ではない。神とは無限の実体、Deus sive Natura（神または自然）であり、自力で存在し、永遠である。人間の価値を、宇宙を創造した神から引き出すことはできない。神とは宇宙そのものであるから。スピノザの曖昧な言葉づかいは、その哲学を、彼を破門した人びとにとって聞き心地の良いものにするための工夫だったのかもしれない。だが同時に、自分の哲学が伝統的信仰をどれほど深く傷つけるものであるかについて、彼自身が過小評価していたのかもしれない。彼は時として、自分の思考のもっとも独創的な部分から尻込みしているかのように見える。

長年スピノザの哲学について思索を重ねてきたイギリスの哲学者スチュアート・ハンプシャーはコナトゥスの観念をこう説明している。

> 自然界における他のすべての同定可能な特定の存在と同じく、人間はその特徴的な活動によって、自分自身と独自の本性を個体として存続させようと努め、自分を取り巻く環境に対して自分の力と活動を拡大させようと努める。この努力（コナトゥス）、すなわち自己を保存しようとする内的な力が、個人を個人たらしめている。［……］
> ［……］人間の自然な傾向、すなわちコナトゥスは、自分を人類において良い見本あるいは完璧な見本にするとか、自分の活動において人類全般の理想を実現することではなく、自分自身、この個人を活動的な存在として、その活動においてできるかぎり独立した存在

として、保存することである。彼が徳を達成し、必然的に欲するものにおいて成功したといえるのは、その活動において比較的自由で自己決定的であるときであり、そのときだけである。[10]

スピノザの考えでは、「善」とはこの努力を後押しするものであり、「悪」とは邪魔するものである。価値とは事物の客観的属性ではないが、さりとて純粋に主観的なものでもない。個人の徳とは、世界における彼の活動を持続させ拡大させるもののことである。だが人類の大多数は自分自身を、そして世界における自分の位置を理解していない。そのせいで、彼らは、自分がどう生きているかについてしばしば誤解している。

ハンプシャーによれば、善悪をそういうふうに見ることによって「スピノザは、当時支配的だったキリスト教とユダヤ教における倫理の研究を、どうしようもなくまちがったもの、有害な幻想の追求だと言わんとしているのである」。[11]その幻想は、部分的には、自由意志を信じることに起因する。伝統的な道徳理論は、さまざまな活動の可能性が与えられ、われわれは選択・決定することができると考えている。だがスピノザの説明においては（現代の神経科学の理論のいくつかにおいても）、われわれが自分の選択だと思い込んでいるものは、じつは複雑な原因がわれわれの身体組織内部で作用した結果である。[12]われわれの思考や決定は身体と無関係ではなく、われわれが自分の意識とか意志と見なしているものからは独立して働いている。さんざん考えた末にある選択肢をえらぶことを決断するという経験は、われわれの内部で衝突し合うさまざまな欲望の副産物にすぎない。自由意志とは、自分が何をしようとしているのかを知らないという感覚である。現実には、われわれは自分の力を維持し、拡大しているのだ。幻想が人間精神を曇らせるせいで、それが達成できないこともあるが。

スピノザによれば、宇宙のあらゆるものは、あるべくしてある。偶然的・偶発的なものなどない。だからこそスピノザは自由意志という観念を否定した。だが、伝統的な道徳観に挑戦したスピノザの力を理解するのに、かならずしも彼の形而上学的ヴィジョンを受け入れる必要はない。そして存在するものはすべて存在し続けようと努力しているという考えを受け入れる必要もない。スピノザの倫理が要求しているのはただひとつ、生き物はそれが現在そうであるような唯一無二の生命体として自分の存在を主張しているという考え方である。

これはアリストテレスに代表される古典的な考え方とも、一神教の考え方ともまったく異なる。古典的な見解では、すべてはそれが属する類の完璧な例になろうと努力する。一神教では、人間は神的存在の完璧さに近づくことで良き人生を達成する。こうした伝統的な思い込みを捨ててしまえば、自分自身の善を選択できるのは人間だけだという考え方に誘惑されることはないだろう。自分の本性が求める善を追求するという点で、人間存在は他の生物と同じだ、と考えるようになるはずだ。

人間は自己保存の欲求に駆り立てられている。だが人間の精神は混乱しているので、しばしば自己破壊に走る。これは二次的な思考によって救済できるかもしれない。

自己保存への中核的な欲求が、私の他の嗜好を決定づけるのだが、その欲求は、個々の物理的な存在の普遍的で不変な特徴と完璧に一致している。私の理性的な思索の対象は私の第一次的な欲求であり、考えるという活動は脳の中の、それに対応する活動に具現化されている。思索において、私は観念のそのまた観念を形成し、欲求や他の思考を肯定的あるいは否定的に評価して、認めたり否定したり、判断を保留したりする。その思索は、外的な事物からのインプットに対抗する精神の活動であり、その自己主張である[13]。

スピノザが一部の人間には可能だと考えた、精神の自由を達成できる人間は、実際にはいない。反省的思考は幻想の精神を駆逐できるというスピノザの考えそのものが幻想である。スピノザは、「それがあたかも荒海に浮かんだ筏であるかのように」、彼が「必要とする真理」にしがみつくべきだと書いている[14]。だがスピノザの公理は断片的で、彼の形而上学的な人生の筏は穴だらけだった。

スピノザは伝統的な道徳概念と訣別したとはいえ、最も意識的な人生こそが最良であるという合理主義の伝統を引き継いだ。分裂した精神は、宇宙に具現化されている理性と同一化することによって、ひとつになることができる。だがもし宇宙的理性が人間の想像力の産物だとしたら、反省的思考、つまり自分の思考過程について考えることは、内的分裂を激化させるだけだろう。

合理主義の欠陥は、人間は理論を適用することで生きていけるという思い込みである。理論《セオリー》という語は「見る」を意味するギリシャ語の「テオレイン」に由来するが、理論は、いかに生きるべきかという現実的な知識に取って代わることはできない。プラトンは、善を知ることを視覚体験の用語で説明したために、西洋哲学を誤った道へと導いた。われわれは何かに触らずに見ることができる。だが良き人生とはそういうものではない。良き人生はそれを生きることによってのみ知ることができる。考えすぎて、それを理論にしてしまうと、それは霧散してしまう。ソクラテスの言葉とは裏腹に、検証された人生は生きるに値しないかもしれない。

スピノザは、人生は意識的になればなるほど完璧に近づくというプラトンの信念を復活させた。だがもし人生の価値が、それを生きる者にとっての価値だとしたら、そうした価値の階層はいっさい意味をもたない。良く生きることは、できるだけ意識的になることではない。いかなる生物にとっても、良き生とはそれ自身でいることである。

これは、われわれは誰しも唯一無二の個性を自力でつくりあげなければならないというロマン主義者の考えとはちがう。ロマン主義者によれば、人間は芸術家が作品をつくりあげるように自分の人生をつくりあげるものであり、すべての芸術作品の価値はそれがどれほど独創的であるかと関係がある。この点でロマン主義者は、古代ギリシャの思想には見られなかった、無からの創造という聖書的な発想に依拠している。ロマン主義は、近代におけるさまざまなキリスト教の代用物のひとつである。

スピノザ的・道教的な倫理はそれとはまったく異なる。人間は他の動物たちと同じだ。良き人生は人間の感情によってつくられるものではない。人間の感情は、人間がいかによく自分の本性を実現したかによってつくりあげられるのだ。

多くの現代人にとって、これほど窮屈な生き方はないだろう。現代の文化は、神の観念を受け付けないのと同じ理由で、自然とか本性という観念を受け付けない。どちらも人間の意志を制限するからだ。近代ヒューマニズムはロマン主義者たちを継いでいて、自然界を理想化しながら、人間が想像しうる最高のものよりは劣っていると見なしている。意識せざるポスト・キリスト教徒にとって、自由であるということは、自分の本性も含め、自然に反抗することを意味している。一方、スピノザや道教信者たちにとって、そうした反抗はすべて自滅に繋がるものだ。世界のなかで自分の力を維持し、拡大しようと努力するという点では、人間も他の動物たちと同じだ。どちらもコナトゥス、すなわちすべての生き物の自己主張に支配されている。

スピノザや道教において、力とは自分が自分のままでいられることを意味する。日がな一日昼寝しているナマケモノも、獲物に襲いかかる虎と同じくらい自分の力を主張している。この意味では、力を行使することは他者を支配することではない。だがもし倫理があなた個人の本性を主張することだとしたら、あなたはすでに一神教信者やヒューマニストたちが理解しているような道徳の外にいるのかもしれない。

ひとつの例として、スピノザは憐れみを悪と見なす。『エチカ』にこう書いている。「理性に導かれて生きている人の場合、憐れみはそれ自体、悪であり無用である」。彼はさらにこう続ける——憐れみは一種の痛みであり、痛みは悪である。われわれは、憐れみを誘う人を現在の状態から救い出してやるために行動するかもしれないが、それは理性がそれを求めるときだけである。スピノザはこう結論する。

したがって、理性の命令に従って生きる人は、できるだけ憐れみに動かされないように努める。

すべての事物は神の本性の必然性から起こり、自然の永遠なる法と規則に従って生じるということを正しく知っている人は、憎しみ、笑い、あるいは軽蔑に値するものを何ひとつ見出さないだろうし、誰に対しても同情をおぼえることはないだろう。［……］容易に憐れみの感情に動かされ、他人の不幸に涙する人は、しばしば、後になってから後悔するようなことをする。なぜなら、感情に従ってしまうと、これは善だと確信できるようなことは何ひとつできないからであり、またわれわれは偽りの涙に簡単に騙されるからである。(15)

スピノザの倫理は、権威ある人間あるいは神によって課せられた法や規則からなるわけではないという点で、伝統的な道徳とは異なる。それはまた善と悪を、伝統的道徳とは違ったふうに見る。憐れみが悪なのは、それが悲しみの原因となり、生命力を枯渇させるからである。道教の倫理もまた道徳とは異なる。道教は、賢者の生きる道だけでなく、暴君、暗殺者、戦士、犯罪者、そして一生のあいだ状況に抵抗し続ける無数の人間たちの生きる道をも認める。命を与える者もあれば、奪う者もいる。人間の生きる道は冷酷無情であり、道そのものもまた無情である。

これは、一九世紀末から二〇世紀初頭にかけてヨーロッパで広まった福音、すなわち「権力への意志」とはかけ離れている。フリードリッヒ・ニーチェ（一八四四―一九〇〇）はその後期の著作のいくつかで、この世界のすべては権力闘争だという考えを振りかざした。ニーチェはスピノザを崇拝し、自分はスピノザから多くを学んだと言っていたが、ニーチェのいう権力への意志は、スピノザがすべての事物のなかに見出す力のことではない。ニーチェのいう権力への意志は、かつての師ショーペンハウアーのいう普遍的な生きる意志の裏返しである。違っているのは、ショーペンハウアーは生への意志がもたらす苦しみを嘆くが、ニーチェはそれがもたらす闘争を礼讃するというところだ。

ニーチェより早く、一七世紀イギリスの哲学者トマス・ホッブズは、人間は飽くことのない権力への欲望に駆り立てられていると主張した。「人類全体に共通する一般的な傾向として第一に挙げられるのは、絶えず突き上げてくるやみがたい権力欲である。それは、生きている限り静まることがない[16]」（角田安正訳）。ホッブズによれば、この欲望は他の人びとに対する恐怖、もっとはっきりいえば彼らによって無残に殺されるという恐怖に起因する。人間にとってそのような死は summum malum（最高悪）である。

ホッブズは自然状態の人間の姿を描く。それは社会秩序の不在を示す神話的な作り話だが、そこでのホッブズは、批判者たちよりもずっと人間の現実に深く迫っている。戦争は平和と同じくらい自然だし、歴史を振り返れば暴力が当たり前だった時代も少なくない。ホッブズによれば、人間は社会秩序を維持してくれる君主をまつりあげることで、そうした事態を避けることができる。だが無残な死は人間の最強の推進力ではない。われわれは死を先延ばしするだけのために生きているのではない。みずからの本性を主張することも死を招くかもしれない。人間は愛する誰かあるいは何かを守るためにはすすんで死を受け入れる。ただ生きるだけというのはみじめな生き方であり、すすんで死ぬことは本性に反していない。第五章で論じるように、人間はまた、自分が同一化した観念のためにみずからすすんで死ぬ、あるいは殺す。

スピノザの自殺観は興味深い。すべてのものはありのままでいようとする。したがって、本当に生きるのをやめたいなどと願う人間がいるはずがない。誰も自分の人生に終止符を打ちたいとは思わない。自殺とは世界に殺されることだ。スピノザは『エチカ』にこう書いている。「何も外的な原因以外によって滅ぼされることはありえない」[17]。視点を変えれば、人間が自殺するのは、その人のコナトゥスがおのれに逆らうときだ。

スピノザによれば、人間は、もしじゅうぶんに理性的ならば、死についてまったく考えないでいることもできる。彼は『エチカ』の有名な一節にこう書いている。「自由な人は死について考えることがいちばん少ない。彼の知恵は死ではなく生についての思索である」。スピノザはこの定理の真理を証明できると信じていた。

証明――自由な人、すなわち理性の命令だけに従って生きる人は、死の恐怖に左右されない。［……］むしろ直接に善を欲する［……］すなわち［……］自分にとって有益なものを探すという原則にもとづいて、行動し、生活し、自分の存在を保持する。だからこそ彼は死について考えることがいちばん少なく、彼の知恵は生について考えることなのである。
Q・E・D・(証明終わり)[18]。

スピノザの「証明終わり」は彼の願望にすぎない。われわれはさまざまなことについての考えを抑圧できるように、死について考えることを抑圧することができるが、それは死についての思考が心の暗い部分に隠れるにすぎない。死についてまったく考えない人間はありえない。

無私の利己主義

われわれはみな、最も高度な道徳とは利他主義、すなわち自分を無にして他者のために生きることだという信念を受け継いでいる。この伝統においては、共感こそが良き人生の核心である。一方、猫の場合は、子猫に関しては別だが、ほとんど他者の感情を共有しているようには見えない。たしかに彼らとて人間の友が悩んでいるときには、問題が解決するまでそばにいてくれるし、病気で死の床についている者には救援の手をさしのべるかもしれないが、そういう場合でも自分を犠牲にするということはない。ただそこにいるだけで、人間の悲しみを癒してくれるのだ。

高度に発達した共感能力は、捕食者である猫には邪魔にしかならない。だから猫には共感能力が欠けているのだ。同じ理由で、猫は冷酷だという一般に流布している思い込みは間違っている。冷酷さは共感の裏返しである。他者のことを感じなければ、彼らを苦しめても快感は得られない。中世に人びとが猫を痛めつけたときに見られたのは、この裏返しの共感である。それに対して、捕まえたネズミを弄ぶ猫はネズミを痛めつけることを楽しんでいるわけではない。獲物をいじめることが示しているのは、ハンターとしての猫の本性だ。自分が手中に収めた生き物をいたぶるというのは、人間だけの好みであって、猫はネズミと遊んでいるだけなのだ。

利他主義と良き人生の結びつきは自明のように思われるが、じつは倫理においては新しいものだ。他者を気にかけるというのは、古代ギリシャの価値観にはほとんど見られない。アリストテレスは自己犠牲にまったく言及していない。彼のいう「偉大な魂の人間」は、宇宙について考えをめぐらしていないときは、もっぱら自分自身を愛でて時を過ごす。また初期仏教においては、自己という幻想を捨ててニルヴァーナ、すなわち完全な静謐状態に到達することが目標であって、利他主義はあまり問題にされていない。釈迦は、人間だけがニルヴァーナという解放を達成できると信じていたようだ。今日ヒンドゥー教と呼ばれるさまざまな実践の一部を形作った古代インドの伝統では、すべての生き物はその本性に従って行動することで自由を達成すると信じられていた。この点でヒンドゥー教は仏教よりも道教に近い。釈迦にとって、解放は自己を捨てることを意味したが、目標はあくまで自分自身を解放することだった。無私という至高の行為において、悟った人（ボーディサットヴァ）は、すべての意識ある存在を解放するため、ニルヴァーナを諦めて生まれ変わることもありうる、という考え方が生まれたのは、仏教の歴史においてもっと後のことにすぎない。

キリスト教の場合、良き人生がつねに他者を助けることを意味したわけではない。一九世紀ロシアの宗教哲学者コンスタンチン・レオンチェフは、後にロシア正教に帰依して修道僧として死ぬが、キリスト教を「超越的自己中心主義」、すなわち個人的救済に重きを置く生き方と見なした。[19] 一般にキリスト教は愛の宗教だと言われるが、キリスト教の神秘主義者たちが語る愛とは神の愛のことである。人間は神の子として愛を受けるが、もし誤ったことをすれば地獄に落ちる。キリスト教も仏教に劣らず、普遍的な愛を説く宗教ではないのだ。

今日、一部の哲学者たちは、良き人生とはいちばん多くの善をなすことだと主張する。彼らは、ジェレミー・ベンサムに代表される一九世紀の思想家たちが唱えた功利主義哲学を発展させ、良き人生は全体的幸福を最大限にする、すなわちみずからの行動によって影響を及ぼし、すべての人の欲望を満足させることだと信じている。そうした「功利的利他主義」の代表者たちは、良き人生を生きることと最大限の善をなすことが果たして同一かという問いなど考えもしない。[20] 結論からいえば、この両者が同一なのは歴史的偶然にすぎない。もしキリスト教が勝利をおさめず、西洋社会が今なおギリシャ＝ローマのいずれかの倫理に支配されていたならば、両者が同一だなどと考える人はまずいないだろう。

利他主義は近代の発想である。利他主義という語は、フランスの社会学者オーギュスト・コント（一七九八－一八五七）によって、彼が発案し布教した「人類教」の核心を定義するための造語である。この「科学的」宗教においては、良き人生とは、神的存在ではなく「人類」に仕えることである。ただし、コントが弟子たちに実践することを進めた利他主義は、実際に生きている人間に向けられたものではなかった。利他主義の恩恵を受けるのは啓発された人類であり（コントはそうした人類が生まれつつあると信じていた）、それは神に取って代わったが、神と同じく人間の想像力の産物であり、どちらかといえば神よりも信用できない代物だ。

コントの世俗宗教は今日ではほとんど忘れ去られたが、道徳と利他主義を等号で結ぶのに多大な貢献をした。近年、道徳は進化論の用語で説明できると主張する本が何百も出版されている。良き人生とは他者のために生きることだという、キリスト教的・ヒューマニズム的な考え方は、これまでに人類が完成を見たさまざまな生き方のひとつにすぎない。

にもかかわらず、この考え方は一般人の頭にも科学者の頭にも深く入り込んでしまったので、倫理は「破壊的な利他主義の誤りを正すことを目的とする」[21] と言われたりもする。生物学で利他主義といえば、主に集団内部での、協力的行動を指すことが多い。一部の哲学者たちは、利他主義には進化上の機能があることを示した上で、人間の倫理的人生を説明する。彼らが説明しているのはキリスト教の道徳を薄めたものにすぎず、それが現代の世俗的知識人の好む似非ダーウィン主義の用語で言い直されているだけのことだ。

スピノザも道教も、良き人生とは他者のために生きることだなどとは考えない。同時に彼らは自己実現と一種の自己放棄とを結びつける。アメリカの哲学者でありスピノザの研究者でもあるポール・ウィーンパールは、年季の入った禅の瞑想の実践者でもあるが、彼が指摘するように、一七世紀フランスの哲学者で懐疑論者ピエール・ベールはこのスピノザと禅宗の類似性を見抜いていた。ウィーンパールはこう述べている。

> 私の知る限り、ベネディクト・スピノザと禅との類似についての最初の指摘は、ピエール・ベールが編纂した辞典〔一六九六年刊行の『歴史批評辞典』〕のスピノザの項にある。そこでベールはスピノザの思想を「中国の一宗派の神学」と関連づけている。ベールの記述を読めば、彼が、仏教の禅についてのイエズス会士による報告に依拠していることは明らかだ。会士たちはそれを仏教《フーキャオ》（無人教）の信奉者たちと呼んでいた。ベールの記述によれば、ベネディクト・スピノザには新しいものは何もない、なぜなら「古代中国の一宗派の神学」もまた理解し

がたい無の概念にもとづいている。［……］ベールにとって、これは実体のあるものすべてが現実から取り除かれることを意味する。[22]

ウィーンパールは続けて、禅の中心概念は自己が無であるということだと述べている。中国で、禅は仏教と道教の交流から生まれたものであり、人間の自己は幻想だという洞察は両者に共通している。

スピノザと道教の類似性に着目したもうひとりの学者がノルウェーのヨン・ウェトレセンである。彼は『賢者と道――スピノザの自由の倫理』のなかで、道教は「自分でないものになることをめざさず、自分のままでいることをめざす。そのために必要なのは、現実の自我が何か特別なことをするのではなく、むしろ自我を消し去ることである[23]」と書いている。彼は、スピノザにおける自我と個人の真の本性との間に、これと同じ区別を見出す。

自分個人の本性を実現するという倫理は、自己を創造するという考え方とは違う。人間がみずからの自己だと思っているものは、じつは社会と記憶がつくりあげた物である。人間は幼少期に自分自身のイメージを形成し、その自己イメージを保存・強化することで幸福を探求する。だが人間が抱いている自分のイメージは彼らの身体や生活の現実ではないから、それを追いかけることで、達成感ではなく自己への不満がもたらされることもありうる。

人間以外の動物はそうした幻影を抱きながら生きたりはしない。ほとんどの動物には自己イメージなどない。彼らにとって自己保存とは、想像上の自己が生き続けることではなく、身体が現在もっている生命力のことである。影のような自己が自分の思考や感情を、あたかもそれらが何か他の存在に属しているかのように、検証するのではない。彼らが活動するとき、そこには、精神とか自己とか、それ自体が別々の実体が活動しているのだという人間的な感覚はない。

欺瞞的な自己イメージがないという点で、猫は典型的である。一九七〇年にアメリカの心理学者ゴードン・ギャラップ・ジュニアが開発したミラーテスト（鏡像自己認知テスト）にパスしたグループに、猫は属していないのだ。このテストでは、動物の、鏡でしか見えない身体部分にしるし（たいていは色の付いた点）を付ける。もし動物が自分の身体の、色の付いた部分に触ろうとしたら、その動物には自己認知能力があるとみなされる。ヒト、チンパンジー、ボノボ、ゴリラ、さらにはイルカやシャチなどのクジラ目、カササギなどの一部の鳥がこのテストにパスした。カラス目、ブタ、ニホンザルなどのマカク属は部分的に自己認知能力を示した。猫は自分の鏡像に関心を示さないか、あるいはそれが他の猫であるかのように反応した。昔から、猫は人に笑われると困惑するといわれ、ある種の、たとえばシャム猫などは自惚れが強いとされるが、自分が笑われると動転するというよりむしろ、自分に対する人間の反応を敵対的あるいは危険だと解釈しているのかもしれない。また、猫は他の猫たちの前で科《しな》をつくったり、威嚇したりすることもあるが、自分でつくりあげた自己イメージを誇示しているわけではない。彼らは求愛のために、あるいは縄張りを守るために、自分のイメージを他の猫たちに投影しているのだ。

研究によれば、猫は自分の名前を認識しているようだが、呼ばれても答えないこともある。[24]猫と人間の交流の歴史は古いが、人間がつけた名前に答えなければならないほど人間に依存するには至らなかった。犬とはちがって、猫は人間的な自己意識を獲得しなかった。もちろん猫だって自分と自分の外にある世界とを識別しているが、世界とやりとりするのは彼らのなかにある自我や自己ではなく、猫自身である。

猫の倫理はいわば無私の利己主義である。自分と自分の愛する者のことしか考えないという点では、猫は利己主義者である。自分のイメージをもたないため、それを保存・拡大しようとは思わないという点では、無私である。猫は利己的であることで生きるのではなく、無私的に自分自身であることで生きる。

伝統的道徳主義者たちは、猫の倫理という概念そのものを受け付けないだろう。彼らいわく、善悪の原理を理解できない生き物が道徳的になれるはずがあろうか。善悪の原理に従うために起こされた行動のみが道徳的でありうる。行動には理由がなくてはならず、行動の主体にはその理由がわかっている。そうでなければ、道徳などありえない。

こうした主張は耳にたこができるくらい聞かされた。しかし、もしそれが道徳の必要条件だとしたら、人間もまた道徳的にはなりえない。たしかに人間はなにがしかの原理に出会い、それにしがみつくこともある。だがその人間は自分がどうしてそのように行動するのか、ほとんどわかっていない。どうしてひとつの原理だけにしがみつくのか。ふたつ以上の原理が相矛盾するとき、どうすればそのどちらかを選ぶことができるのか。もし自分がいましている行動の理由を見つけたとしても、それが行動を起こさせたということが、どうすればわかるのか。くしゃみやあくびは、そうしようと思ってできるものではない。それと同様、「道徳的に」行動しようと思ってもできるものではない。良き人生とはみずから選んだ行動をすることだ、と唱える哲学は、手品師をばかにすることを目的とした巧妙な手技にすぎない。

間違っているのは、良き人生とは善の観念を追求することだという思い込みである。ここでの観念とは、プラトンにおけるように、一種の視覚像のことである。われわれは善を垣間見て、一生かけてそれに近づこうとする。もちろん猫はそんなことはしない。猫は暗闇でも眼が見えるが、彼らの生活には匂いや触感のほうが重要である。猫にとっての良き人生とは、彼らが感じ、嗅ぎ取ったものであり、遠くにある何かをちらりと見たというのとはちがう。

良き人生を送るのに、いかなる観念をも具現化する必要はない。他者の苦しみをみて助けの手を延べる人は、自分のしていることがわかっていようがいまいが、共感していることはたしかだ。自分が共感的であることにまったく気づいていない人のほうがもっと徳が高いかもしれない。同じことが勇気についてもいえる。

人間の場合と同じく、猫にとっての良き生活もまた彼らの徳に左右される。アリストテレスにいわせれば、慎重さに欠ける人は、他のどんな美徳をもっていようとも、幸福にはなれず、何をしようとも無駄に終わる。それと同じように、年じゅう怯えている猫は良く生きることはできない。野生であろうと、人間に飼われていようと、猫の生活は危険にみちている。勇気は、人間の美徳であるのと同じく、猫にとっても美徳である。それがなかったら、猫も人間も生きていけない。

いかなる生き物にとっても、良き生活は、その生き物の本性を実現するには何が必要かに左右される。良き生活は、意見や因襲ではなく、この本性と関わりがある。パスカルが指摘したように、生まれつきもっている本性と並んで、慣習によって形作られた第二の本性をもっているという点で、人間は特異だ。第二の本性を第一の本性と取り違えたとしても不思議ではない。社会の慣習に従って生きた人の多くはひどい人生を送ったということだ。自分自身の本性を間違えるというのは、猫にはありえない。

もちろん、猫でいるということがどういうことなのか、われわれには知りようもないし、別の人間でいることがどういうことなのかも、知りようがない。だがそれでも、自分以外の人たちは感情をもたない機械だと信じている人は精神病者であることを、われわれは知っている。だが、他の動物たちの場合も同じだと考えた、デカルトのような哲学者たちがこれまで讃えられてきた。実際のところ、猫の内的世界はわれわれのそれよりも明るく生き生きとしているかもしれない。猫の感覚は人間よりも鋭く、彼らの注意力は夢によって曇っていない。自己イメージをもたないがゆえに、彼らの経験は人間よりも濃密である。

猫の行動の一意専心ぶりから察するに、猫における無私は、禅のいう「無心」とどこか共通している。「無心」に到達した人に、心がないわけではない。「無心」とは気を散らさない注意力[25]、言いかえると、自分のしていることに完全に没頭していることである。自然にそれができる人間は稀にしかいない。最高の弓術家は何も考えずに矢を放つが、それは生涯にわたる鍛錬のたまものである。[26] それに対して、猫は生まれつき無心である。

人間以外の動物には意識がないと主張する哲学者たちは、自分の精神状態を、仮に知っていたとしても、ごく断片的にしか知らない。人間の内的生活は断片的で、ぼんやりとしていて、ばらばらで、時には文字通りのカオスである。多少とも自分を意識している自己などというものはなく、その代わりにあるのは、一貫したりしていなかったりする経験の寄せ集めである。われわれ人間は断片化され、ばらばらになり、幽霊のようにあらわれたり、消えたりしながら生きている。それに対し、自己をもたない猫はいつだって猫自身である。

4　人間の愛vs猫の愛

愛という情熱的愛着が、多くの人の生の中心にある。それはたいてい他の人間に対する愛だが、それが人間以外の動物に向けられることもあり、その両者が衝突することもある。いくつかの文学や自伝がその両者の違いを明らかにしている。

サアの勝利

シドニー＝ガブリエル・コレット（一八七三―一九五四）の中編小説『牝猫』（一九三三）の主題は、人間の愛と猫の愛との対立である。没落した中産階級の家庭に生まれたコレットは、二十歳のとき、有名な作家に誘惑されて結婚した。夫は彼女の文学的才能を利用して、数多くの小説を自分の名前で出版した。コレットは一九〇六年に夫と別れ、しばらく舞台芸人として不安定な生活を送った。一九一二年に全国紙の主筆と結婚したが、十六歳だった夫の連れ子との情事などが原因で、十二年後に離婚した。一九二五年に再婚し、結婚生活は彼女が死ぬまで続いた。大勢の女性たちとの恋愛関係もあり、そのいくつかは長年にわたった。猫を深く愛し、猫は自分の孤独を癒してくれると語っていた。休みなく執筆を続け、一九四八年にはノーベル文学賞の候補に選ばれた。晩年には世界で最も尊敬される作家のひとりになっていた。

コレットの伝記作者ジュディス・サーマンは『牝猫』についてこう書いている。「猫を恋愛劇のヒロインにしたこの小説において、コレットの散文はとりわけ猫的である。冷静でありながら官能的で、猫より鈍い人間の感覚では失われてしまうような、肉欲がもたらす刺激と快感を細やかに観察している」(1)。ヒロインの名はサア、金色の目をした小さなシャルトルー（ロシアンブルー）だ。飼い主のアランは夢見がちな青年で、崩れかけた別荘の美しい庭でサアと過ごすことを他の何よりも喜んでいる。母の勧めで、彼は性的に奔放な十九歳のカミーユと結婚する。ふたりは「あっという間に時のたつあの気晴らし、やすやすと肉体を愛の快楽にみちびいてくれるあの営みにふけるのだった」(2)（工藤庸子訳、以下同じ）。だがアランはすぐにカミーユに飽きてしまう。彼女の肉体は彼が考えていたほど美しくないし、彼女のたえまないセックスの要求に疲れ果ててしまう。じきに彼はカミーユにうんざりしてきて、暇さえあれば庭に引っ込んでサアと遊ぶ。

カミーユはしだいにサアに嫉妬するようになり、ある朝、アランが出かけている間に、ふたりが住んでいた十階のアパートの窓からサアを突き落とす。途中の日よけに落ちたおかげで、サアは死なずに済む。自分の猫を殺されかかったおかげで、アランは重圧になっていた人間関係から解放される。彼はサアをバスケットに入れて、母の元に帰る。翌朝、カミーユがやってきて、許しを乞うが、アランは相手にしない。静かにゆっくりと彼はカミーユに言う。「なんの罪もないちっちゃな生き物、最高に素敵な夢みたいに青っぽい、ちっちゃな魂……忠実で、自分がえらんだものが遠くへ行ってしまえば、ひっそりと死んでゆくことも辞さないんだ……きみはそいつをつかまえて、虚空にさし出し、そうして手をひらいた……きみは人でなしだ……ぼくは人でなしとは暮らせないよ……」(3)。

カミーユはたかが動物のために自分が「犠牲にされた」ことに逆上する。ふたりは怒りの言葉を投げ合った後、将来についての決着はつけないまま、別れる。アランは疲れ果てて椅子に座り込む。その瞬間、彼のそばの、柳の小枝で編んだテーブルの上に、「奇跡のように」、サアがあらわれる。「サアが警戒して、人間のようなまなざしでカミーユの出発を見送っているかたわらで、アランは地面に寝そべるようにして、猫の前脚のようにまるめた手のひらを器用に動かしながら、緑色でとげとげの、八月の未熟な栗をもてあそんでいた」(4)。

この結びは、この小説の中心テーマを要約している。アランはどんな人間よりもサアのことを愛しているが、そのアラン自身が猫みたいになっていくのだ。ほとんど間接的にしか描写されていないにもかかわらず、このロシアンブルーは作品中でもっともリアルに描かれている。カミーユの嫉妬心は赤裸々に暴かれるが、サアの嫉妬心は仄めかされるだけだ。猫の勝利は最初から明白だ。

猫好きにとってはじつに楽しいお話だ。この物語に欠けているのはサア自身の嫉妬心である。猫が他の猫たちに嫉妬することもあるが、われわれ人間の目には嫉妬と見えるものは、他の猫が縄張りに侵入してきて自分の習慣が乱されることに対する反応にすぎないのかもしれない。自分がいっしょに住んでいる人間の生活に別の人間が入ってきたときに猫が嫉妬心を見せることはめったにない。それに対して、犬は飼い主の注意と愛情を独占したがるのかもしれない。イギリスの作家・編集者・ブロードキャスターのJ・R・アッカーリーはその『愛犬チューリップ』（一九五六）のなかで、飼い犬クイーニーの強烈な独占欲について回想している(5)（本のなかでは犬の名前が変えられている。著者の性的嗜好を示していると思われるのを避けるためだろう。ただしアッカーリー自身は自分がゲイであることをカミングアウトしていた）。アッカーリーのこの本は、人間と人間以外の動物との愛情を描いた最も偉大な文学作品のひとつだが、もしクイーニーが猫だったら絶対にこの本は生まれなかっただろう。

猫と暮らしたことのある人なら誰でも、猫が人間といっしょにいるのを楽しんでいることを知っている。仰向けに寝転がってくすぐってくれと要求する猫は、彼らが信頼と愛情を抱けるようになった人間に向かって、体のいちばん弱いところをさらけだしているのだ。彼らは人間といっしょにいることや人間と遊ぶのを楽しむ。だがそれは、アッカーリーが愛犬クイーニーについて書いているような排他的な愛情ではない。猫はしばしば自分で選んだ数軒の家をもち、そのそれぞれで餌をもらい、可愛がってもらう。いちばん親しい人間がしばらく家を空けると、犬ならば落ち込むだろう。猫はといえば、その生涯でいちばん慣れ親しんだ人間がどこかへ行ってしまったとしても、ほとんど気づいていないように見える。猫は人間を愛するようにはなったが、だからといって人間を必要としているわけではなく、人間に対して何か義務感をもっているわけでもない。

ミングの最大の獲物

アメリカの作家パトリシア・ハイスミス（一九二一－一九九五）は、道徳心をもたない殺人者トム・リプリーを創造した。彼はハイスミスの五つの小説と、それを原作とする数多くの映画〔『太陽がいっぱい』『リプリー』など〕の主人公である。その一方で、ハイスミスは、虐待された動物が人間に復讐するという小説も書いている。ハイスミスの伝記を書いたアンドルー・ウィルソンはその一群の作品についてこう書いている。「動物を主人公にし、彼らの思考に声を与えることで、ハイスミスは、人間の理性を讃える西洋哲学の伝統を痛打する」[6]。ある作品の主人公はゴキブリだ。そのゴキブリは自分のことを、人間の滞在客たちと同じように、ホテルの滞在客として扱われるべきだと思っている。

ハイスミスは猫をモデルにしてリプリーを創造したとも言われる。実際、ハイスミスは飼い猫の一匹を、サイコパスのアンチヒーローにちなんで、リプリーと呼んでいた。しかし、サイコパスになりうるのは人間だけだ[7]。猫だって時には無感覚のように見えるが、それは彼らが顔ではなく耳や尻尾で感情を表現するからにすぎない。彼らは喉を鳴らすことでも感情を表現する。ふつう、猫が喉を鳴らすのは幸福のしるしだが、つねにそうだとは限らず、悲嘆や苦悩を表現していることもある。いずれにせよ、そこには偽りはない。

ハイスミスは人間以外の動物に対して深い共感を抱いていた。ソーホーを歩いているとき、怪我をした鳩が側溝に横たわっていた。いっしょに歩いていた友人が、あれは助からないよと説得したが、ハイスミスは泣きそうな顔をしていたという。ニワトリのバタリー飼育〔狭いケージに詰め込んで飼う〕にも心を痛め、近所にいた野良の黒猫の尾を切った犯人を見つけたら迷わず「射殺」してやると息巻いた。とりわけカタツムリが好きで、サフォーク〔イングランド東部〕の庭園で育て、時にはレタスの大きな玉といっしょに百匹もハンドバッグに入れて連れ歩いた。フランスに移住したときには、何匹かのカタツムリを乳房の下に隠して密かに持ち込んだ[8]。晩年に彼女の世話をしていた介護人によれば、ハイスミスは家の中に迷い込んだクモを、怪我をしていないか確かめてから、そっと庭に返した。「ハイスミスは、自分は人間という不思議な生き物を絶対に理解できないと考えていた。おそらくそれで彼女は猫やカタツムリをあれほど愛したのだろう[9]」。長年の友人はこう書いている。「彼女は人間以外の動物全般を、人間よりも行儀の良い、人間よりも多くの威厳と正直さをそなえたものだと見なしていた[10]」。

ハイスミスは若い頃、自分の性的嗜好について悩み、同性愛を「治療」するために精神分析家のもとに通った。慣習的な結婚をしようと考えていた時期もあったようだ。その後、数多くの女性の恋人と付き合い、ゲイの男性たちと長きにわたる友情を育んだが、動物たちとの交流に匹敵するものは得られなかったようだ。彼女は猫を熱愛し、「彼らは作家に、人間が与えてくれない何かを与えてくれる。要求したり教えたりしない付き合いだ。猫との付き合いは、ほとんど動いていないようには見えない平和な海のように、安らぎを与えてくれ、千変万化に富んでいる[11]」。

ハイスミスの短編小説「最大の獲物」では、美しいシャム猫が自分の主人の恋人に復讐する。ミングは静かな生活を好んだ。

自宅のテラスの大きなキャンヴァス・チェアの、ご主人のかたわらで日溜まりに寝そべっているのがミングはいちばん好きだった。きらいなものは、彼女がときどき自宅に招く人々、夜を過ごしに来る人々、食べたり飲んだり、レコードをかけたりピアノをひいたりしながら、夜もふけるまで長居すること間違いなしの人々――彼をエレインからひき離す人間たちだった。彼の前足をふんづける連中、どう対処する暇もなく後ろから彼を抱きあげたりして、やっと身の自由を取り戻すまで、もがくやら暴れるやらの大騒ぎを演じさせる連中、乱暴に彼を撫でる連中、どこかでドアを閉ざして彼を閉じこめる連中。人間ども！　ミングは人間が大きらいだ。好きな人といえば、この世でエレインただ一人だった。エレインは彼を愛し理解してくれた。[12]（吉野美恵子訳、以下同じ）

アカプルコ沖をヨットで航行中、エレインの新しい恋人テディがミングを船から突き落とそうとしたとき、ミングは復讐を誓う。同じ日、屋敷に戻ってから、テディはふたたびミングを追い払おうとし、テラスから放り投げようとする。ミングは彼の肩に飛び乗り、ふたりはいっしょに地面に落ちる。テディは死ぬが、ミングはちょっと息切れがしただけだった。取っ組み合いから快復すると、ミングは、まだ太陽の温もりを残しているテラスの暗い隅で、前脚を体の下におりこんで、うずくまる。

下でひとしきり話し声や足音や茂みをかきわける音がし、それからやがて、階段から立ちのぼってくる彼らみんなの匂い、煙草と汗の匂い、それになじみぶかい血の匂い。あの男の血だ。ミングは満足した。鳥を殺して、歯の下に血の匂いを生じさせるときとそっくり同じ満足感をおぼえた。今度の獲物は大きかった。人間たちの一団が死体をかかえて通りかかったとき、誰にも気づかれずにミングはすっくと立ちあがると、鼻づらを高くあげ、勝利の香りを胸いっぱいに吸いこんだ[13]。

ミングと主人がいっしょに寝室にいるところで、物語は終わる。エレインはミングの頭を撫で、前足を取って、爪が出てくるまでやさしく握りしめる。「「おお、ミング――ミング」。ミングはその声に愛情を聞きとった」[14]。

コレットの作品と同じく、これまた猫好きにはたまらない小説だ。物語はミングの視点から語られる。彼は終始、魅力的な存在だ。彼は人間一般がとくに好きなわけではないが、テディに殺されそうになったときにはじめて彼を敵と見なし、ミングが復讐を果たすときも、それはせいぜい正当防衛と呼べるものにすぎないだろう。ミングとエレインの関係のほうがわかりにくい。疑いなくエレインはミングを愛しているが、ミングのほうでも同じくらいエレインを愛しているのか、それとも彼女をたんにいっしょにいると楽しい生き物と見なしているのかは定かではない。もし後者だったとしても、それもまた愛といえよう。

猫の愛はさまざまな理由で人間の愛とは異なる。牡猫と牝猫の性的接触はごく短時間で終わり、その後一生いっしょに暮らすということはない。ライオンは例外的に子を育てるが、牡猫は子育てにはいっさい関わらない。子猫は、生存に必要な技術を母猫から教わるとすぐに母のもとを去り、あとは死ぬまで自力で生きる。だが猫たちの間に見られる愛には、さまざまな種類の人間の愛には欠けているものがある。猫は、孤独や退屈や絶望から気を紛らすために愛するのではない。猫は欲求に従って愛し、いっしょにいることを楽しむのである。

ハイスミスは若い頃、人間の愛の最高の分析者として、マルセル・プルーストに傾倒していた。二十代の中頃まで、自分は小説家と同じくらい画家に向いていると思っていて、生涯を通じて絵画、スケッチ、木彫を作り続けた。死後に大量のスケッチが出版された。多くは猫を描いたものだが、ある一枚には「風呂の水を調べるマルセル・プルースト」と題されていた。[15]

プルーストの作品では、人間の愛が法医学的に解剖される。プルースト研究者のジェルメーヌ・ブレはこう書いている。

社交界は、個々人が他者と接触するためのありとあらゆる手段を試みることができるような、一種の生物学的な文化を形成している。［……］愛はそこで生まれる。［……］だが、他の何よりもまして、あらゆる形式の中でいちばん盛んなのはパスカル的な意味での「気晴らし」である。

社交界の人々にとって「気晴らし」とは、自分の欲求を満足させ、退屈を紛らすという唯一の目的のために他人を利用する技術である。愛情に関する限り、自分も他人もこの利用法を受け入れることはできない。だからプルーストの小説の登場人物たちは隠し、装い、騙し合う。さまざまな口実をつけては自分にも他人にも嘘をつき、本当の動機を隠す。［……］金も暇もあり、なんでも自分の好きなようにできる社交界の人々には唯一の根深い欲望がある。それは生きることの虚しさから守られ、不毛で不安にみちた人生の実体から、安心させてくれ、自尊心をくすぐってくれるような仮面を引き出すことだ。［……］彼らは理解したくも知りたくもない。飾り立てられ、面白がられることだけを望んでいるのだ。[16]

ブレが指摘するように、プルーストの愛の分析はパスカルの気晴らし論に通じるところが多い。プルーストがパスカルと異なるのは、気晴らしは非人間的な掟に従うと考えているところだ。

愛は、恋人のまったく知らないメカニズムの産物であり、夢中になったり幻滅したりという繰り返しが、自分が理解も制御もできない力に囚われていることを思い知らせる。虚栄と嫉妬は彼らを、老いていく体や、自分が辿っている死への道を忘れることができるような、想像の世界へと追いやる。性愛はある機械の働きであり、この愛の機械的な性質が救いの力になっている。どんなに激しい嫉妬や深刻な失望でも、虚しさからの一時的な休止を与えてくれる。愛は、他者について、あるいは自分について知ることや理解することを妨害し、そのおかげで人間はひとりぼっちでいることから逃れられる。

このプルースト的分析においては、人間の愛は獣の交尾よりも機械的だ。愛においては、他の何にもまして、人間は自己欺瞞に支配されている。それに対して猫が愛するのは自分をごまかすためではない。猫は利己主義者かもしれないが、虚栄に苦しんだりはしない。少なくとも人間に対して。彼らが人間に求めるのは、満足のゆく正常な状態に戻れるような場所である。人間が猫にそうした場所を与えれば、猫はその人間を好きになるかもしれない。

作家の谷崎潤一郎は、近代化の途上で起きた日本人の生活の変容を描いたことで知られる。彼の作品の多くは、その途上で何が失われたのだろうかと問いかける。谷崎によれば、失われたもののひとつは明確な美の概念である。『陰翳礼讃』（一九三三）という長いエッセーにおいて、谷崎はこう書いている。

美は物体にあるのではなく、物体と物体との作り出す陰翳のあや、明暗にあると考へる。夜光の珠も暗中に置けば光彩を放つが、白日の下に曝せば宝石の魅力を失ふ如く、陰翳の作用を離れて美はないと思ふ。(17)

谷崎が光よりも陰を好むということではない。闇は光の美の一部である。

われ〳〵は一概に光るものが嫌ひと云ふ訳ではないが、浅く冴えたものよりも、沈んだ翳《かげ》りのあるものを好む。それは天然の石であらうと、人工の器物であらうと、必ず時代のつやを連想させるやうな、濁りを帯びた光りなのである。［……］因果なことに、われ〳〵

は人間の垢や油煙や風雨のよごれが附いたもの、乃至はそれを想ひ出させるやうな色あひや光沢を愛し、〔……〕[18]

この美学の特徴は完璧に対する嫌悪である。西洋の美学はどうしても美しい物を、非物質的なイデアの不完全な具現化と考えてしまう。プラトンの神秘的なヴィジョンの影響で、西洋の哲学者たちは美を別世界の輝きと見なしてしまう。それとは対照的に、谷崎は「手垢の光り[19]」について語る。真の美は自然化や日常生活のなかにあるのだ。

谷崎は、多種多様な愛が人間の何を明らかにするかというテーマに関心があった。それに関する彼の最も繊細な探求は『猫と庄造と二人のをんな』のなかにある。一九三六年に出版され、後年映画にもなった、この小説の主人公は、熟年の、だが優美な三毛猫リリーである。

物語は、一方の女がもうひとりの女に宛てて書いた、リリーについての手紙から始まる。品子は元夫の庄造の新しい妻である福子に、猫をくれと頼む。

私あなたの家庭から唯一《ただひと》つだけ頂きたいものがあるのです。と云ふたからとて、勿論《もちろん》貴女のあの人を返せと云ふのではありません。実はもつと〳〵下らないもの、つまらないもの、……リ、ーちやんがほしいのです。〔……〕その大きな犠牲に対して、たつた一匹の猫を頂きたいと云ふたら厚かましいお願ひでせうか。貴女に取つてはほんにどうでもよいやうな小さい獣《けもの》ですけれど、私にしたらどんなに孤独慰められるか、……私、弱虫と思はれたくありませんが、リ、ーちやんでもゐてゝくれなんだら淋しくて仕様がありませんの、……猫より外に私を相手にしてくれる人間世の中に一人もゐないのですもの。〔……〕リ、ーちやんを離さないのは、あなたでなくて、あの人ですわ、きつと〳〵さうですわ。あの人はリ、ーちやんが大好きなのです。あの人いつも「お前となら別れられても、此の猫とやつたらよう別れん」と云ふてたのです。そして御飯の時でも夜寝る時でも、リ、ーちやんの方がずつと私より可愛がられてゐたのです。〔……〕けどほんたうに御用心なさいませ、たかゞ猫ぐらゐと気を許していらしつたら、その猫にさへ見かへられてしまふのですわ。(20)

一読すると、たがいの闘争に猫を武器として用いる三人の人間たちの物語のように読める。猫は家族の内輪もめの人質のように見える。だがこの猫は三人にとって、彼らが考えている以上のものを意味している。猫が前妻の品子のもとへ行ってしまうと、庄造は深い喪失感に襲われる。彼はリリーを一目見ようと、品子の家へ行く。前妻の家の外の植え込みにしゃがみ込んだ庄造は、茂みの間から時おり光が射していることに気づく。「その度毎に猫の眼か知らんとは、つと胸を躍らせた。………あ、リ、ーかな、やれ嬉しや!」動悸が速くなり、鳩尾《みぞおち》の辺がヒヤリとする。

かう云ふと可笑《おか》しな話だけれども、まだ庄造はこんなヤキモキした心持を人間に対してさへ感じたことはないのであつた。せい〴〵カフェエの女を相手に遊んだぐらゐが関の山で、恋愛らしい経験と云へば、前の女房の眼を掠《かす》めて福子と逢引してゐた時代の、楽しいやうな、懊《じ》れつたいやうな、変にわく〳〵した、落ち着かない気分、――まあれぐらゐなものなのだが、「……」真剣味に乏しく、逢ひたさ見たさもこんなに一途《いちず》ではなかつたのであつた。(21)

帰宅が遅くなると妻と口げんかになると思い、庄造はその場を去るが、リリーに会うことを諦めはしない。翌日、彼は前妻の家をふたたび訪れる。品子は出かけていて、妹の初子が留守番をしている。初子は庄造を、急な階段の上、リリーが寝転がっている部屋に案内する。カーテンが閉まっていて、部屋は薄暗いが、庄造は、リリーが座布団を重ねた上で、前脚を体の下に折り曲げ、半分目を閉じて、すわっているのを見つける。その毛のつやの良さは、よく世話されていることを物語っていた。そばにおかれた飯と卵の殻が、リリーが昼飯を食べ終わったところであることを示していた。

庄造は、リリーが元気にしているのを見て、ありがたいと思う。リリーの食べかすと尿の匂いを嗅ぐと、切ない悲しみに胸が塞がれる。彼は「リ、ー」と声をかけるが、猫は答えない。だが、「やう〳〵それが聞えたのか、どんよりとした慵《ものう》げな瞳を開けて、庄造の方へひどく無愛想な一瞥《いちべつ》を投げたが、たゞそれだけで、何の感動も示さなかつた。彼女は再び、前脚を一層深く折り曲げ、背筋の皮と耳朶《じだ》とをブルン！　と寒さうに痙攣させて、睡《ねむ》くて溜《たま》らぬと云ふやうに眼を閉ぢてしまつた[22]」。

庄造はリリーを撫でようとするが、彼女は眼を閉じたまますわって、喉を鳴らしている。きっと品子はリリーを深く可愛がっているのだろうと庄造は思う。いまの品子は貧しいが、その貧しさにもかかわらず、リリーにはちゃんと餌を与えているにちがいない。リリーの座布団は庄造のより厚い。そのとき足音が聞こえ、庄造は品子が帰ってきたことに気づく。庄造は階段を駆け下り、通りに飛び出し、かろうじて品子に見られずに済む。物語はこんな一文で結ばれる。「恐い物にでも追はれるやうに反対の方角へ一散に走つた」。

リリーは人間たちに武器として利用されたかもしれないが、三人と一匹のなかで愛されたのは彼女だけだ。庄造も前妻もリリーを、お互いよりも、いやどんな他人よりも深く愛した。彼らがおたがいに対して弄する術策は、それぞれが抱いていた猫への愛には及ばない。ひょっとしたらその愛は、人間どうしの愛に似ているかもしれない。不幸からの逃避としての愛だ。あるいは猫そのものに対する愛、すなわち優しさと礼讃の入り混じったものかもしれない。猫が人間たちについてどう感じていたのかは知りようもない。物語が終わる頃には、彼女も年をとり、何よりも眠りたがる。死が近づいていることを察知しているのかもしれない。それでもなおリリーは部屋の灯であり、人間たちは、彼女の心の輝くプリズムのなかの、ぼんやりした影だ。

姿を消したガッティーノ

メアリー・ゲイツキルの美しいエッセー「迷い猫」[23]には、人間と猫とのまた違った愛が描かれている。ゲイツキルのエッセーは本章で紹介した他の物語とは違って、第一章で紹介したジャック・ローレンスによるメイオーの物語と同じく、実在した猫の生と死の思い出である。

一九五四年に生まれたゲイツキルは、一九八八年に出版された短編集『悪いこと』で有名作家の仲間入りをした。それまで彼女は心理的にも経済的にも辛酸をなめた。十代のときに寄宿学校から放校され、両親によって精神病院に入れられたが、そこを脱走した。成人してからは花売り、ストリッパー、書店員、夜勤の校正者、フリーのファクトチェッカーなど、さまざまなアルバイトを経験した。

ある時期、彼女はニューヨークの有名なSMクラブの階上にあったアパートに住んでいたが、彼女の小説の多くは苦痛と屈辱を求める人間の欲求を扱っている。ある作品は『セクレタリー』（二〇〇二）というタイトルで映画化されてヒットしたが、原作者自身は「キュートすぎるし、技術的に稚拙だ[24]」と評している。その後の小説『これが快感だ[25]』（二〇一九）では、女性に苦痛と処罰への欲求を抱かせることに歓びを見出すダンディーな書籍編集者が、女性部下たちへのセクハラを告発され、仕事を失う。

ゲイツキルの作品で繰り返し扱われているのは、人間の愛は矛盾しているというテーマだ。人間は、退屈からの逃避や、愛情あるいは執着の対象になることの快楽や、権力を利用して自分自身や他者に苦痛を与える機会や、自滅から得られるかもしれない興奮を求めて、人を愛する。人間と動物との間の愛にはそうした汚点がないので、それを失うことは人間どうしの愛が終わるときよりも打撃が大きいかもしれない。

「迷い猫」は、生後七ヶ月の猫を失ったときの話である。ゲイツキルは、トスカーナの、自分の領地を作家たちの憩いの地として提供していた文学好きの貴族の邸宅を訪れたときに、その猫を見つけた。邸宅の近くの、農家の庭に三匹の痩せた子猫がいて、なかでもいちばん弱々しそうに見える子猫がメアリーによちよちと歩み寄った。その瞼は眼脂《めやに》でほとんどくっついていた。黒い縞の入った淡い灰色の虎猫で、「顎が長く、鉛筆の先に付いている消しゴムみたいな形をした大きな鼻をしていた。尻は痩せこけていたが、それとは不釣り合いに尻の穴は大きいようだった。痩せてがりがりの背中を撫でると、気持ちよさそうにしていた。貧弱な尻尾をおそるおそる上げた[26]」。後年、ゲイツキルはこんなふうに回想する。「背中は反っていて、顔はおびえていたが、興奮して、準備完了とばかりに跳び上がり、駆けだした。伸ばして振り上げた尻尾はおかしなふうに曲がっていた。[……]飢えで弱っていたが、この猫にはガッツがあった[27]」。

その猫は目が片方しか見えず、見えるほうの目も悪かった。メアリーはチャンスという名前をつけた。「私はチャンスが好きだった。すべての猫が好きなのだが。彼も私のことを食べ物をくれる人として気に入っていた。私を見るときも無表情だった。まるで自分の近くに生き物がひとり増えただけであるかのように[28]」。しばらくすると、メアリーが部屋に入っていくたびに顔を上げてじっと彼女を見つめるようになった。「そのまなざしが何を意味していたのか、今でもよくわからない。動物がどんなふうに考えたり感じたりするのかは知らない。だが彼は愛情をこめて私を見つめているように感じた。アパートの中で、彼は私の後に付いてまわった。机に向かって仕事をしていると、膝にのった。ベッドに潜り込んできて、私といっしょに寝た。

私の指をそっとかじりながら眠りについた。撫でると、手に体をすりつけてきた。顔を近づけると、前脚をのばして私の頬を撫でた」[29]。

メアリーの夫はチャンスという名を嫌った。メアリー自身もとくに好きではなかったので、マクフェイトと呼ぶことになった。マクフェイトは力がついてきて、「片目ゆえの敏捷さ」を身につけた。「耳が発達し、体が弱々しいわりには首ががっしりしてきた。体重が増え、長い脚や尻尾は、不格好さが取れて、形が良くなった。首にはネックレスのようにはっきりとした縞模様があった。私が撫でると仰向けになったが、腹はベージュで、豹みたいな斑点があった。自信たっぷりに見えるときは、ズートスーツ〔一九四〇年代に流行したただぶだぶの紳士服〕を着込んだギャングみたいだった」。それでもまだ彼はびくびくしていて、メアリーは、マクフェイトという名前は「こんな小さなかよわい生き物には重たすぎるし、冷たすぎる」と考え、名前をガッティーノに変えた[30]。メアリーは夫に、猫をアメリカに連れて帰りたいと言った。夫はとまどった。メアリーは、誰だって困惑するだろうと思った。みんなは「私のことを、神経症で、自分の欲求を動物に投影しているのだと思っているのだろう[31]」。

メアリーはガッティーノを自分の国に連れて帰ることにしたとき、困っている人間たちよりも動物を愛することを選ぶのは誤りだろうかと自問した。彼女はこれまで人間を愛してきた。都会の黒人貧困家庭のためのプログラムを通じて子どもを養育したこともあるし、ガンにかかったが治療を拒否した父親の介護もした。だがそうした愛はもつれていて、欲求不満を引き起こした。

人間の愛には大きな欠陥がある。欠陥がないときでも、人々はかならずそれを誤解し、拒否し、悪用し、操作する。愛する人を痛みから守ることは難しい。しばしば人はみずから痛みを選ぶからだ。私自身からして、しばしば痛みを選ぶ。動物はけっして痛みを選ばない。動物は幼い人間よりもさらに容易に愛を受け入れる。そこで私は、猫を愛で守れるにちがいないと考えた。[32]

トスカーナの貴族の屋敷の近くを散歩しながら、メアリーは時々父親のことを思い出した。散歩するとき、彼女は父親のものだった大きなビー玉を持っていた。本気で信じていたわけではないが、父親の魂がガッティーノに生まれ変わったのではないかと考えたりした。ある夜、猫が彼女の膝の上で喉を鳴らしているとき、小さな空色のビー玉がドレッサーの下から床に転げ出すのが見えた。「それは美しく輝いていた。何か見えないものがそれを動かしたのだ。この可愛い小さな猫がいるのと同じように、神秘的で寛大な予兆のように思われた」。彼女はそのビー玉を、窓際の、父親のビー玉の隣に置いた。[33]

ペット用のパスポートを取得するため、メアリーはガッティーノを獣医のもとに連れて行った。獣医はガッティーノを大きな犬の隣のケージに入れた。犬は子猫に向かって唸り、吠えた。最初、ガッティーノは小さなベッドの後ろに隠れていたが、やがて恐れ気もなく面と向かった。「私はそのときにはじめて、おびえながらも敢然と立ち向かおうという表情、大きさや獰猛さにかかわりなく、何が来ようとも迎え撃とうという決意をみた」[34]。大西洋を越える長旅の間、ガッティーノはキャリアの中から「彼女を果敢そうに見つめていた。いやガッティーノは実際に果敢だった。前夜からほとんど何も食べていないのに、車の中でも飛行機の中でも鳴かなかった。腰をすえて、前脚を堂々と前にのばし、静かに落ち着いて顔をあげたまま、私を見つめていた。[……]もしキャリアから出しても、尻尾を立てて通路を歩き回ったりしなかっただろう[35]」。

アメリカに着いたガッティーノは、メアリーの他の飼い猫たちと対面した。ガッティーノは彼らに如才なく丁寧に接し、うまく溶け込んだ。その後、一家は新しい家に移った。前の家主が家中にガラクタを放置してあり、ガスコンロは壊れ、ネズミの巣だらけだった。悪いことが連続した。メアリーはパスポートをなくし、夫は妻からもらったネックレスをなくした。メアリーはイタリアで見つけた青い大理石もなくした。だがガッティーノはこの新しい家が気に入った。他の猫たちと庭で遊び、家の外にはいっさい興味を示さなかった。もし外に出ていっても、すぐに帰ってこられるだろうとメアリーは思っていた。家の前が空き地だったからだ。

ある日、ガッティーノがいなくなった。数時間後に家に戻ったメアリーは暗がりのなか、いたるところを探した。そのとき、頭のなかで言葉が聞こえた。「怖いよ」。ガッティーノだ、とメアリーは思った。「心配しないで。そこにじっとしていて。見つけてあげるから」と答えたかったが、頭に浮かんだ言葉は、「私も怖い。あなたがどこにいるのか、わからない」だった。彼女の恐怖を感じとったら、ガッティーノはますます途方に暮れるだろうと思ったが、恐怖を拭い去ることはできなかった。あちこちに貼り紙をし、メールを送り、近くの大学の警備係にも連絡した。三日後、また頭に言葉が浮かんだ。「さみしいよ」。五日後、大学の警備員から、痩せて小さな片目の猫がゴミ箱を漁っているのを見たという電話がかかってきた。電話があったのは午前二時で、受話器の呼び出し音をしぼってあったため、メアリーも家族も聞こえなかった。

メアリーは、友人に勧められた超能力者に会うことにした。その超能力者は、ガッティーノは困っていて、死にかけていると告げた。そしてガッティーノがいるかもしれない場所を告げた。メアリーはそこに行って数日間探し回った。ある晩、眠りかけたとき、ふたたび頭のなかに言葉が浮かんだ。「ぼくはもうすぐ死ぬ」。そして「さようなら」(36)。

メアリーはベッドから出て、睡眠薬を飲んだ。二時間後に目覚めると、頰が涙で濡れていた。

彼女は自問した。

どういう死が悲劇的で、どういう死がそうでないのかを、誰が決めるのだ？　何が大きくて何が小さいのかを誰が決めるのだ？　それは数とか体格とか知性の問題か？　ひとりぼっちで苦しみながら死んでいくのが、まだ小さい動物や人間の子どもだったら、自分が小さいということを覚えていない、あるいは知らないかもしれない。苦しみがひどかったら、自分が誰なのかを覚えていないかもしれない。感じるのは痛みだけかもしれない。それも大きな痛み。［……］何がそれを決めるのか？　常識が？　常識がこんなことを命じるなんて、あるのだろうか？(37)

ガッティーノが死んで一年後、メアリーはまだ彼を探していた。探しているうちに人間に対する彼女の感情が変化した。ガッティーノが保護されていないかを調べるために施設に向かう車の中で、ニュースが流れた。イラクで、アメリカ人傭兵が、車から出てきた医学生を射殺し、彼を助けようと車から飛び出した母親も射殺したというニュースだった。以前ならば、そういうニュースを聞いても何も感じなかった。それがいまは、彼女は心を引き裂かれた。「これは猫がいなくなったせいだ。あの存在の小ささと、客観的な結末がないという事実のせいで、私の心は引き裂かれたのだ[38]」。

彼女の頭も壊れた。彼女は別の超能力者に会いに行った。その超能力者は、ガッティーノはもう死んでいる、たぶん何か悪いものを食べて腎臓をやられたのだろうと告げた。メアリーはまた別の超能力者のもとを訪ねた。その超能力者は、ガッティーノは苦しまずに、眠るときのように丸まって死んだと語った。メアリーがふたたび近隣にポスターを貼るとすぐに、片目の小さな猫を見たという電話が何本もかかってきた。大学の別の警備員、「以前の人よりも年上の無口な人」が、三ヶ月前にガッティーノを見かけたが、それ以後は見ていないと語った。「最近、めっきり猫が減った。おれが何を見たか、教えてあげよう。大きなオオヤマネコがいてね、そいつが夜中にキャンパス内を歩き回っている。コヨーテもたくさんいる」。彼が何を言わんとしているかは明白だった。メアリーは、猫は自分の死を自覚したのだろうと思った[39]。それでも彼女は、ガッティーノがまだ生きているような気がしてならなかった。何ヶ月間もガッティーノの夢を見た。夢のなかで、彼女が庭で名前を呼ぶと、かつてそうだったように、ガッティーノがやってくる。「尻尾を立てて、懸命に跳ぶように走ってきて、私の膝に飛び乗るのだった[40]」。

父親が死に瀕したとき、メアリーはこう尋ねた。「ねえ、パパ、何を苦しんでいたの？　どんなふうに感じていたの？」きっと父親には聞こえていないだろうと思ったが、夜中にガッティーノを探し回っているとき、あたりには誰もいないのに、父親の答えの一部が聞こえたような気がした。「そのとき突然ひらめいた。猫がいなくなったことは、私の質問に対する、思いやりのある答え方だったのではなかろうか、と」[41]。そんなふうに考えるのは呪術的思考《マジカル・シンキング》なのかもしれないと思ったが、それでも納得がゆかなかった。人間生活において何が現実で何が空想かを決めることはむずかしい。

もし誰かに、糞を体になすりつけて庭を転がれ、そうすれば猫は帰ってくるかもしれないと言われたら、そしてその誰かが猫の専門家だったら、たぶん私はそうしただろう。そういう悲壮な感情が「呪術的思考」だとは思えなかった。他の思考と種類が違うとは考えられなかった。むしろ、物事の、よく知っている、目に見える秩序を私が受け入れられなくなった、というより無意味になってしまった感じだった。なぜならそれは私の混乱した頭が求めるものとはどうしても相容れなかったからだ。まったく別の種類の秩序が、にじみ出すようにぼんやりと姿をあらわし、かつてよく知っていた、そして今は壊れてしまった秩序を繋ぎ合わせようとしているみたいだった。この継ぎ接ぎされた現実がまったくの幻想だったのか、意志の必死の行為だったのか、あるいは現実の何か（私には直視できない大きなもの）の不正確で部分的な解釈だったのか、今でもわからない[42]。

ガッティーノを見つける希望を失いかけていた頃、メアリーは講演を頼まれてモンタナの大学に出かけた。ある日、川を見下ろすホテルの部屋から、チェーンをはずされた犬が「無我夢中に大きく脚を広げて」川に飛び込むのを見た。メアリーはにっこりして思った。「ガッティーノだ」。たとえガッティーノがもうこの世にいないとしても、あの無我夢中の跳躍のなかにいるのだ。「そんな考えはもちろん幻想であり、自己欺瞞だ。でもあの犬はそうではない。あの犬は現実だ。だからガッティーノもまた現実なのだ[43]」。

ガッティーノがまだこの世にいるかどうかはどうでもよくなった。大事なのはガッティーノがかつて存在したという事実と、彼が何をしたのかということだ。ガッティーノに対するメアリーの愛情は、彼女が人間に対して感じた愛とは別物だった。人間どうしの愛においては、虚栄心と残酷さ、後悔と悲嘆が絡み合ったものが働いていた。猫への愛情にはそれがない。ガッティーノの思い出は、父親や、預かっていた子どもたちや、銃で撃たれたイラクの医学生に対する彼女の感情に変化をもたらした。人間界を超えたところからくる愛が、彼女が人間たちの間で経験してきた愛のもつれをほどいたのだ。

人間どうしの間では、しばしば愛と憎しみが混じり合っている。他の人間を深く愛しながら同時に嫌うこともある。他の人間に対して感じている愛が嫌になったり、重荷になったり、自由を束縛されると感じたりすることもあるし、自分に対する相手の愛が偽物で信用できないと感じられることもある。もし、そうした疑惑を克服できて、ひとを愛しつづけると、今度は自分が嫌いになるということもある。動物がわれわれに対して感じているかもしれない愛や、動物へのわれわれの愛は、そんなふうに歪んでいない。

ガッティーノを失ったことはメアリーにはほとんど耐えられないほど苦しかった。だがガッティーノの生涯は、人間の悲しい生涯のようには悲しいものではなかった。ゲイツキルはこう書いている。

人間でいるということは、結局、敗者でいるということだ。なぜなら私たちは誰しも、たいせつに築いてきた自意識、肉体的な力、健康、貴重な尊厳、そして最後には生命を失うのだから。(44)

ガッティーノはたまたま生き、死んだ。だがガッティーノは敗者ではなかった。その短い、恐れを知らぬ、悲劇的ではない一生で、メアリーに、それまでどんな人間も与えることができなかったものを贈った。当分、彼女はもう快感と痛みの掟に支配されることはなくなった。もう、自分が愛した人たちや、彼らを愛した自分を、憎まない。小さな、片目の、風が吹けば飛ぶような生き物が、彼女の世界を壊し、建て直したのだ。結局のところ、ガッティーノは魔法の動物だったのだろう。

5　時間、死、そして猫の魂

ムリのさようなら

ロシアの宗教哲学者ニコライ・ベルジャーエフはその自伝の最後のほうで、多事多難の人生における最も深遠な経験のひとつについて書いている。

ちょうどパリが解放されたとき、われわれは愛するムリを失った。ムリは苦しい病気の末に死んだ。死ぬ前のムリの苦しみは私にとって、全被造物の苦しみと痛みだった。彼を通して、私は全被造物と結ばれ、その救済を望んだ。死の前夜、ムリは重い体を引きずってリディヤ（彼女もまたすでに重い病気で伏せっていた）の部屋にやってきて、ベッドに飛び上がった。そのさまはこれ以上ないほど感動的だった。ムリは別れを告げに来たのだ。私はめったに泣かない人間だ。しかし、これは奇妙に、滑稽に、あるいはつまらないことのように思われるかもしれないが、ムリが死んだとき、私は激しく泣いた。人々は「魂の不滅」についてあれこれ思索するが、そのとき私はムリのために不滅にして永遠の生を願った。私自身もムリと永遠に生きたいと思った。［……］数ヶ月後、私はリディヤを失うことになる。［……］私は、死という人間存在の悲劇的な結末とけっして和解できない。［……］われわれが愛する人たちすべてを取り戻さないかぎり、生はありえない。(1)

この一節に至る三百ページを読んでいないと、ムリがベルジャーエフの飼い猫であることはわからない。哲学者が飼い猫の死をかくも深く嘆くなんて、奇妙に見えるかもしれない。だがベルジャーエフは並みの哲学者ではなかった。そういう人は当時も今もめったにいないが、彼は、永遠に続くと思われた世界が死に絶えていくのをその眼で見たのだった。

ウクライナがまだロシア帝国の一部であった一八七四年、ベルジャーエフはキエフで貴族の家に生まれ、ひとりが好きな子として成長した。父親は自由思想家で、宗教に対して懐疑的だった。生まれたときからロシア正教徒だった母は既成の教会に批判的で、カトリックに傾いていた。ベルジャーエフは一生を通じて、考える自由を脅かすものに抵抗し続けた。家族の伝統に従って士官学校にすすんだが、そこをやめてキエフ大学で哲学を学んだ。当時の多くの若者の例に洩れず、マルクス主義者となり、一八九八年にはデモに参加して逮捕され、大学を退学処分になった。その後、非合法の地下出版に携わってふたたび逮捕され、三年間ヴォログダに流刑になった。ヴォログダの境遇は、皇帝に対する反逆者たちが経験したものにくらべれば穏やかで、後にレーニンやスターリンが建設する強制収容所と比べたらはるかに快適だった。

キエフに戻ったベルジャーエフは詩人のリディヤ・トゥルシェフと知り合い、結婚し、死ぬまで人生をともにした。ふたりはサンクトペテルブルクに移住した。マルクス主義への関心は失ったが、依然として非正教徒であったベルジャーエフは第一次世界大戦とロシア革命に先立つ年月を、首都の知的生活にどっぷり浸かって過ごした。はっきりと宗教思想家となった彼は、正統な教義から逸脱した修道僧たちを養成しているとして正教会の聖シノド〔教会管掌組織〕を批判する文章を発表した。ベルジャーエフは神への冒瀆者として逮捕され、シベリアへの終身流刑を宣告されたが、ボリシェヴィキが権力を奪取したおかげで刑は執行されずに済んだ。

ベルジャーエフはじきに新政府とも衝突した。講義と執筆を許され、一九二〇年にはモスクワ大学の哲学科教授に任命されるが、ほどなく共謀罪で逮捕され、収監された。レーニンの秘密警察の長として非常に恐れられたフェリックス・ジェルジンスキーがベルジャーエフの独房を訪れ、尋問したが、それはボリシェヴィキをめぐる激しい論争に発展した。一九二二年九月、ベルジャーエフはソビエト連邦を追放された。

ロシアの傑出した知識人（芸術家、学者、科学者、作家）たちといっしょに、ベルジャーエフは、「哲学者の蒸気船」として知られる船に乗せられた。実際には船は二隻で、ボリシェヴィキ政府が面倒の種になりそうな知識人たちとその家族をドイツに送り出すために用意したのだった。ラトヴィアのリガから汽車で、あるいはオデッサからイスタンブールまで船で送り出された一団もいた。知識人を追放するという政策はレーニン自身が立案したらしい(2)。

ドイツに着いたベルジャーエフと妻はベルリンを経由し、パリで余生を過ごした。ベルジャーエフは多産な作家で、ロシアから追放された他の知識人やフランスの知識人の社会と精力的に対話した。ナチス占領下でも執筆をやめず、それらの本は戦後に出版された。一九四八年、パリから程近いクラマールにあった自宅の机で亡くなった。

ベルジャーエフの頭を占めていた中心的な問題は時間、死、永遠性だった。彼はこう書いている。

> 人類はゆっくりと発展していく、人間の本性は安定している、理性によって真理に到達できる、事物には客観的な基準がある、その他ありとあらゆる神々しい幻想を、人々は信じ込んでいる。それが私にはつねに驚きだった。人生はつねに腐敗し、移ろいやすく、死、別れ、裏切り、情熱によって致命傷を与えられているというのに(3)。

ベルジャーエフにいわせれば、もし死が終焉だとしたら人生は意味をもたない。人生とは、人生を虚しさから救ってくれる、人生を超えた意味を求める苦闘である。ベルジャーエフがふつうと違うのは、その苦闘に自分の愛猫を含めたことだ。だが、ムリ自身が、自分もその苦闘に参加していると考えていたのかどうかは疑問だ。猫は、死とは人生という物語の終わりだという人間的な恐怖を抱いていないので、その物語が継続する来世を必要としていない。だが、ムリは自分が長年暮らしてきた人間たちのもとを去ろうとしているのを感じとっていた、というベルジャーエフの直観には、じゅうぶんな根拠があったかもしれない。猫は自分の生涯がいつ終わるのかを知っている。ドリス・レッシングが発見したように、猫はその終わりを歓迎しているのかもしれない。

レッシングは、彼女が飼っていた黒猫が重病に陥ったときにそれにどう対処したかをこう書いている。

あごと口は白い泡におおわれていて、その泡は拭ってもなかなかとれなかった。わたしはそれを洗いおとしてやった。それがすむと彼女はまた隅っこにもどって、目の前を見つめたままうずくまった。その姿勢には不吉なものがあった——微動だにせず、辛抱づよく、そして眠ろうともしない。彼女は待っているのだった。[……]（病院でこう言われた）猫は自ら死のうときめるのですよ。体内の血液が熱くなっているので、どこか涼しいところを捜してもぐりこみ、うずくまって、死を待つのです。

（犬猫病院でひとばん過ごした後）

わたしが黒猫を家へ連れて帰ると、彼女は憔悴しきったようすで庭へ出ていった。初秋のころで、すでに寒かった。にもかかわらず、庭の冷たい塀に身をすりよせ、冷えきった地べたにうずくまって、訪れる夜を辛抱づよく待つ姿勢をとった。

わたしは彼女を抱いて屋内にもどると、あまりラジエーターに近くない毛布の上に置いてやった。すぐさま彼女は庭にひきかえし、おなじ位置で、おなじ不吉な、辛抱づよい姿勢をとった。

わたしはまた彼女を連れもどすと、部屋にとじこめた。彼女はドアへ這いよって、鼻面を外に向けてそこに坐りこみ、死を待つことにもどった。(4)（深町真理子訳）

レッシングは猫を屋内に留めおいて、その後の数週間、毎日朝から晩まで世話をした。猫は快復し、数ヶ月後、元の「つやつやした、なめらかな、ごろごろ喉を鳴らす清潔な黒猫」に戻った。彼女は自分が病気だったことをすっかり忘れていたが、心のどこかには病院の診察室の記憶が残っていて、耳の病気でふたたび病院に連れて行ったときには、何時間も震えつづけていた。

レッシングは自分が「彼女自身の意志を無視して、生へ引き戻した」ことで、猫にひどいことをしたのではないかという、いくらかの罪悪感をおぼえているようだ。レッシングはこう結んでいる。「いまの彼女は正常な猫だし、正常な本能もそなえている[5]」

死の否定としての文明

来世という観念は人間が誕生したときからあった。およそ十一万五千年前の墓は、動物の骨、花、薬草、そしてアイベックス〔アルプスに生息する山羊〕の角のような貴重品で飾られていた。四万年から三万五千年くらい前になると、世界中で、完璧なサバイバルキット（食糧、衣類、道具）が墓に置かれるようになった[6]。人類は死に定義づけられた動物なのである。

人間の自意識が増大するにしたがって、死の否定もますます顕著になった。アメリカの人類学者で精神分析理論家のアーネスト・ベッカー（一九二四－七四）にいわせれば、死からの逃避こそが文明の牽引者だった。自我を産んだのも死の恐怖である。時とともに死に近づいているという無力感から身を守るために、人間は自我をつくり出したのだ。

ベッカーの生涯は、他の人よりも、死との出会いによって形づくられていた。彼は十八歳のときに軍隊に入り、ナチの絶命収容所を解放した歩兵部隊に所属していた。一九七三年十二月にガンで死に瀕していたとき、訪れた哲学者のサム・キーンにこう語った。「きみはちょうど死に瀕している私を目撃している。これは私が死について書いたすべてを検証するテストだ。人はどのように死んでいくかを示す絶好の機会だ」[7]。ベッカーの理論は、死後の一九七四年にピュリッツァー賞を受賞した『死の拒絶』（一九七三）で展開されており、死の二年後に出版された『悪からの逃走』でもさらに論じられている。

人間が必死に逃避しようとしているさまざまな条件のなかで、最大の脅威は死である。ほとんどの人は自分が存在しなくなるという考えに耐えられないが、それを忘れようとすればするほど、ますますその考えに取り憑かれる。儀式は、心だけでなく全身を動員させる行為なので、この苦痛から逃れさせてくれるかもしれない。不安から逃避する道は、ベッカーのいう「神話－儀礼的複合」を通る。彼はこう書いている。

神話－儀礼的複合は強迫観念に水路をつける社会的形態である。［……］それは人々を彼らの目前の目標にぴったり焦点を合わせたままにさせておくことによって、機械的な安全を巧みに操り、絶望を追い払う。絶望の打破は活動的な有機体にとって主として知的問題ではなく、運動を経て自分を鼓舞するという問題である。一定の段階を越えると、人間はより多い「知識」によってではなく、ある程度我を忘れて生き行動することによってのみ救われる。［……］神経症は、伝統的社会の崩壊によっていまや失われた社会的に同意された儀礼に取って代わる、私的な強迫観念的儀礼を企てることである。伝統的社会の慣習や神話は、個人にとって出来合いの、生の意味の完全な解釈を与えた。個人がしなければならなかったことは、それを真実として生きることを受け入れることだけだった。現代の神経症者が「治療」されるには、まさにこれをしなければならない。彼は現に生きている幻想を歓迎しなければならない。(8)（今防人訳、以下同じ）

ここでベッカーは、集団的儀礼が、死について考えることから人間を解放してくれる伝統的社会と、不安を自分で解消するよう個々人が求められる現代社会とを、区別している。現代社会の現実は集団神経症であり、それはたえず完全な狂気へと落ちていく。神経症は病気の症状というよりむしろ自己治療の企てである。現代のさまざまな全体主義運動はこの種の企てである。だが人間は孤独になってしまい、たとえ大衆全体が集まっている避難所に逃げ込んだとしても、いつまでも孤独でありつづける。人間はもはやそこから立ち直ることはできないのだ。論理的思考は現代の神経症者をかえって悪化させてしまう。

現代精神が自慢する特徴はまさしく狂気の特徴である〔……〕狂人ほど論理的であり、原因結果の細目に関心をもっている人間はいない。狂人はわれわれの知っているうちでもっとも偉大な理論家であり、その特質は彼らの破滅につきものの一つである。彼らの生の過程はすべて心の中に収縮している。正気の人がもっていて、彼らに欠けている一つのものは何か。無頓着でいられること、外見を無視できること、くつろいで世界を笑えることなどである。狂人はうちとけることができず、またパスカルのように、気まぐれな賭に自分の全存在を賭けたりはできない。彼らは宗教が常に要求してきたことができない。つまり、不条理に見える自分の生の正当化を信じることができない。(9)

人間は、死を免れているという感覚を得たいがために、権力を追求する。ベッカーに言わせれば、人間の悪はそれと同じ衝動から生まれる。残虐な行為をすることで、死について考えずに済むからだ。

サディズムは死の恐怖を自然に吸収する。〔……〕積極的に操作し、憎むことで、人間はその生命体を外界に置いておくことができ、それによって、自己反省と死の恐怖を不活性状態に保つことができる。他者の運命を自分の手中にすれば、自分が生と死の主人なのだという感覚が得られる。銃を撃ち続ければ、殺されることよりも殺すことのほうをより考えていられる。ある映画に出てくる賢いギャングが言うように、「殺し屋は、殺すのをやめたら殺されるんだ[10]」

ベッカーが指摘するように、近現代の多くのイデオロギーは不死信仰だった。ロシアのボリシェヴィズムには、革命の究極のゴールは死の克服だという強い底流があり、レーニンが防腐保存処理されたとき、関係者の一部は、将来、科学が発達して蘇生術が開発されたあかつきには、レーニンを生き返らせることができると信じていた[11]。科学の力で死を克服するという計画はその後西側で復活し、グーグルの開発責任者レイ・カーツワイルが、科学技術による不老不死の提唱者として脚光を浴びた[12]。

ベッカーの分析には説得力があるが、死に対する人間の態度は矛盾しており、すべての宗教や哲学が死を否定する道具だというわけではない。ギリシャの多神教では、神々は死から解放されていることに辟易していて、人間の短い人生を羨んでいる。神々が人間世界に介入するのは、退屈しているからであり、死ねるという幸運をもった人間を罰するためである。死とともに訪れる忘却は、人間であることの特権のひとつなのだ。

他の宗教は、人間はかならず死ぬという問題をどう扱うべきかについて、曖昧だ。ある角度からみれば、仏教は死から逃れる企てである。輪廻転生から抜け出せば、二度と死なずにすむ。別の視点からみれば、仏教は死の探求である。[13] 救済とは、人生の苦難から自由になることを意味する。二度と生まれ変わらなければ、これ以上苦しまないですむ。だが、もし魂の輪廻転生がなかったら？　結局、仏教は、魂は幻想であると教える。再生しなければ、あらゆる苦しみから解放される。ただ一回の死がすべてであり、最終的なのだ。

その点で、エピクロスのほうが仏教の上をいっている。もし苦しみを終わらせることが目的なら、すべての生き物に救済が約束されている。みんな死ぬのだから。とはいえ、エピクロスもまた首尾一貫していない。もし苦しみからの解放を求めるなら、機会がありしだい、命を絶つことだってできる。不思議なことに、この古代の賢者はそういう結論には至らず、極端な状況においてしか自殺を認めない。

スピノザがそのコナトゥス論において示唆したように、人間は自己決定できる存在でいようと必死になっているのかもしれない。だがその努力に疲れてしまい、自分の命を絶ちたいと思うかもしれない。多くの人は、自殺しないまでも、人間は個々の存在としては消滅するという見通しを提供する哲学に惹かれてきた。それは何か形而上学的な実体（善のプラトン的な形態とか、ある種の世界霊魂といったもの）と融合する哲学かもしれない。あるいはショーペンハウアーのような、自己は無へと溶解するのだと約束する哲学かもしれない。

人類の多数にとって個人でいることは重荷である。これまでの哲学はその荷を軽くするために発明されてきた。共産主義のひとつの魅力は孤独からの解放を提供することだ、とベルジャーエフは知っていた。現代のリベラリズムも同じ欲求に奉仕している。もし自分が独立した、すべての他者とは明確に違う魂だとしたら、自分の歴史と運命は自分自身のものだ。われわれの人生はより大きな物語、すなわち人類が全体として自己実現するという寓話に属している。たとえ自分が個人としては永遠に死んだとしても、自分の人生の意味は失われない。

だがすべての人間が死を恐れているわけではない。死を望む人だっているかもしれない。生まれてこなかったことを願う人だっているだろう。彼らのコナトゥスは世界に邪魔され、自分を消したいと願う。もし人生を完全に消去されたら、彼らは喜ぶだろう。

トマス・ハーディは「テスの嘆き」という詩のなかで、そういう人間を描いている。この詩は、ハーディの小説『テス』（一八九一）の註釈として読むこともできる。『テス』の物語は、田舎の少女がその境遇に抗して自己を確立しようと苦闘するが、結局は愛人を殺して絞首刑になるというものだ。テスは自分の人生を振り返り、それが消去されればよいのにと思う。

思い出すとあたしは疲れ切ってしまう、

思い出すと。
あたしの運命が書物に書かれるなんて堪えられない、
あたしの一生は存在しないほうがいいの、
あたしの記憶にしみがついてくれたらいいの、
あたしの持物は一つ残らず腐らせたい、
あたしの行ないは以前のと別のものであってほしい、
あたしの跡は残さない！(14)（大貫三郎訳）

テスは死にたいのではなく、最初から存在しなかったかのように世界から消えてしまいたいのだ。

もし猫が自分の一生を振り返ることができたら、生まれてこなければよかったと思うだろうか。そうとは考えられない。猫は自分の一生を物語にはしないので、惨めな一生だったとか、生まれなければよかったなどとは考えることはありえない。彼らは生を贈り物《ギフト》として受け取るのだ。

人間はちがう。他のすべての動物とちがって、人間は信念のために死ぬ覚悟ができている。一神教の信者も合理主義者も、それを人間の優越性の証とみなしている。それは人間が、本能を満足させるためだけではなく、観念のために生きていることを示している。だが、観念のために死ねるのは人間だけだとしても、観念のために人を殺せるのも人間だけだ。なんの意味もない観念のために殺したり死んだりすることを、どれだけ多くの人間が人生の意義だと考えてきたことか。

ある観念に自分を同一化すれば、死に対して守られていると感じることができる。観念に囚われている人間と同じく、観念だって生まれては死んでいく。何世代も生き延びることがあるかもしれないが、それでもやがて年をとり死んでいくのだ。しかし、観念に囚われているかぎり、人間はベッカーのいう「生きている幻想」である。儚い空想に自分を同一化することで、自分は時間を超越していると思い込むことができる。自分が奉じる観念を受け入れようとしない人間たちを殺すことで、死を克服したと信じることができる。

捕食者である猫は、生きるために殺す。牝猫は子どものためには死を恐れないし、閉じ込められると命がけで逃げ出す。だが、不死を達成するために死んだり殺したりしないという点で、猫は人間とはちがう。猫の世界には自爆戦士はいない。猫が死にたくなるとしたら、それはもう生きていたくないからだ。

ヴィトゲンシュタインは書いている。

永遠とは、はてしなく時間がつづくことではなく、無時間のことであると理解するなら、現在のなかで生きている者は、永遠に生きている。[15]（丘沢静也訳）

人間は、自分の人生の終焉を想像できると思っているために、死について他の動物たちよりも多くを知っていると思い込んでいる。しかし、来たるべき死について人間が知っているものは、過ぎゆく時間についての感覚によって彼らの心のなかに生み出されたイメージにすぎない。猫は自分がいま生きている生しか知らず、死がすぐ近くまできたときにしか死のことを考えない、いわば死すべき不死者である。だから猫が崇拝されるようになったことは、まことに納得がゆくのである。

神としての猫

人間がついぞ知ったことのない自由と幸福を体現している猫は、人間の世界ではよそ者である。猫が「不自然な」動物とみなされてきたのは、本性に従って生きているからだ。そういう生き方は人間の世界にはないので、猫は悪魔あるいは神と見なされるようになった。

古代エジプトにおける猫の崇拝を理解するには、今日自然とされているような概念を捨てる必要がある。ジャロミール・マレクはこう書いている。

現代のわれわれは本能的に人間と動物を区別するが、そのような区別はほとんどなく、実際、「動物」というカテゴリーは存在しなかった。言い換えると、「生き物」には神も人間も動物も含まれた。シャバコ王時代（紀元前七一六－七〇二）に記録された、だがおそらく紀元前三千年ごろに書かれたと考えられる神学の論文には、「すべての神、すべての人間、すべての家畜、すべての虫、すべての生きる者たちは」創造神プターの心臓と舌をもっている、と書かれている。人間とまったく同じように、動物たちも創造神によってつくられ、（それぞれのやり方で）創造神を崇拝し、創造神に見守られる。例外的な場合、動物と創造神との繋がりが人間と創造神のそれよりも強いことさえある。(16)

現代人が思い描く古代人像は、進化という一九世紀の神話に染まっている。先駆的な古代エジプト史において、ジョン・ローマーはその神話を簡潔に捉えている。

［エジプトの］考古学的歴史学にみられる長々としたかたりは［……］似非進化論による

進歩発展だった。それは原始状態からまっすぐ野蛮な時代を経てリッツ・ホテルへと至っている。(17)

そうした合理主義的な神話によれば、古代エジプト社会は呪術的思考に支配されていた。はるかに遠い時代の人びとは、自分の考えたものと自然界とが区別できず、生と死、神と政治の境界線は曖昧だった、と。だがこれは、現代人自身の観念や信念を古代人に投影していたにすぎない。

古代エジプト人は、人間とは何かという近代的な概念に類するものはもっていなかった。人間だけは他の動物とはちがってこの世界のなかにある地位を占めている、といった発想はなかった。後のギリシャやローマの観念、すなわち人間の心が神の心にいちばん近いという発想もなかったし、「宗教」もなかった。神聖な崇拝の領域と日常生活の「世俗的」な領域との近代的な分離もなかった。古代エジプト人に向かってどんな宗教を信じているのかと聞いても、彼らには質問の意味が理解できなかっただろう。

超自然界という一神教に由来する観念もまた存在していなかった。エジプト人は、世界は精霊に満ちているというアニミズムの伝統を継承していた。その伝統においては、人間は他の動物よりも優れてはいない。ふたつのまったく異なる事物の秩序、すなわち生命のない物質の秩序と非物質的な魂の秩序もなく、動物の魂と人間の魂に共通した秩序しかなかった。現代人の最も基本的で自明のように思われる思考のカテゴリーも存在しなかった。

過去数世紀の哲学において、人間の文明は堂々たる行進を繰り広げ、勝ち誇ってわれわれ自身へと到達した。古代の心は現代の心に置き換えられた。神話や儀式は科学的説明と実用的理論に座を譲った。猫は魔法の動物だという発想はすべて原始的な過去の一部となった。

しかしながら人間の精神は古代からさして変わっていない。現代人は古代エジプト人とはまったく異なるという考えそのものがやや原始的だ。現代人は古代エジプト人よりもはるかに多くのことを知っているし、物質世界のさまざまな側面に対してはるかに大きな力を行使しているが、だからといって現代人が神話をつくらないわけではない。

進歩の神話はいまや時代遅れとなり、後景に退いた。それに代わって、猫崇拝に関して異なった見方がされるようになってきた。猫は自然の流れにしたがって古代エジプトで神になったのだ、という見方である。猫は近東において人間と交流し始め、次いで人間といっしょに住むようになった。

紀元前四〇〇〇年前後に、野生の猫がエジプトの集落にやってきて、穀物倉を荒らしていたネズミや蛇を殺して食べた。その後の二千年間に、しだいに猫は人間と共棲するようになった。猫にとっては食糧供給が安定し、人間にとっては害獣が減少するという利点があった。紀元前二〇〇〇年以降、猫は家の中に入り込み、人間の伴侶として受け入れられた。マレクによれば、「そんなふうにして結局、猫は人間に飼い馴らされた。いやもっと正確にいえば、自分で自分を飼い馴らした」[18]。

上エジプト〔ナイル川上流地域〕のアビドスにある中王国時代の墓地に、紀元前一九八〇－一八〇一年頃につくられたと考えられる小さな墓があり、そこには十七匹の猫の骨が埋葬されていて、そのそばには小さな壺が一列に並んでいる。それらの壺には当初、牛乳が入れられていたのかもしれない。もしそうだとしたら、この墓は、おとなの猫がそのように餌を与えられていたことを示す最古の遺跡かもしれない[19]。紀元前一〇〇〇年から西暦三五〇年の間に、猫は神の顕現、とくに女神バステトの顕現と見なされるようになり、寺院の飼育所で育てられた。紀元前一二五〇年に彫られたステラ（しばしば大寺院の後ろに設置された、先が丸くなった石碑）では、二匹の猫がプレ（ラー、太陽神）をあらわしている。そこに彫られた詩は「偉大な猫」と太陽神の双方に向けてうたわれているようだ。

偉大なる猫を讃え、
偉大なる神プレの前で大地に接吻する
平和をもたらす平安なる者よ

汝のおかげで私は、汝を創った闇を見る
汝の美が見えるように、光を与えたまえ
私のほうを向きたまえ
平和なときには美しい者よ
平和への回帰を知っている平安なる者よ[20]

家事の手伝いであり、人間の伴侶であった猫は、幸運と聖なる動物たちの兆となった。人びとは猫をかたどった護符を身につけた。新王国時代（紀元前一五四〇年以降）になると、王家の墓には、夜に冥界を通っていく太陽神を警護している猫が描かれた。この時代以降、「死者の書」では、神の敵に目を光らせる猫や、神が生命と光の世界へと戻っていく旅の途中で通らなくてはならない最後の門で番をしている猫が描かれた。神のそばに寄り添い、神を支えたり、警護したりする猫の小像が彫られた。時には人間が猫の前にひれ伏している像もある。

遅くとも紀元前四世紀には、ヘルモポリスの大共同墓地に「生きている猫の寺院」があり、そのそばにはミイラにされた猫の大きな墓地があった。ミイラにされたのは猫だけではない。たとえばマングースも、トキも、ハゲワシも、タカも、ワニも、そしてもちろん人間もミイラにされたが、猫のミイラが圧倒的に多く、一九世紀の末頃、それらの猫のミイラが大量にヨーロッパに船で運ばれた。猫のミイラは市場に溢れていたので、しばしば肥やしとして、あるいは船の重しとして使われたが、多くは捨てられた。

ヘロドトスによれば、エジプトでは家が火事になると、住人は財産よりも猫のことを心配した。紀元前五九年、ローマ帝国の派遣団の一員がまちがって猫を殺してしまい、王が取りなしたにもかかわらず、その男は私刑《リンチ》によって殺された。エジプトの賢者アンフシェションクは言う。「猫を笑うなかれ(21)」。

一神教信者の間では、猫は悪名高かった。二世紀のキリスト教神学者アレクサンドリアのクレメンスはすでに、寺院で猫を飼っているとしてエジプト人を非難している。だが一神教の伝統の一部には、猫に対する好意的な態度も見られる。イタリアのカトリック修道士、アッシジの聖フランシスコ（一一八二－一二二六）は、神の創造の愛には被造物すべてに対する愛が含まれていると信じていた。ユダヤ教の戒律では、動物は憐れみをもって扱うべしとされ、家畜には休息日を与えよという三千年の歴史をもつ戒律もある。預言者ムハンマドが、袖の上で寝ていた猫を起こさないように、袖を切り落としたという話は有名だ。中世の回教君主《スルターン》バイバルス（一二二三―七七頃）は、カイロの公園を野良猫の避難所にせよという遺言を残した。

古代エジプトでは、猫は多くのものを意味していた。人間が来世に旅するときの同伴者になることもあれば、神の顕現でもあり、神の護衛をすることもあった。猫がこれらすべてであったということ自体が、古代エジプト人の精神がいかに繊細であったかを物語っている。だがそれは同時に猫たち自身の存在感をも示している。死者をめぐる観念に支配された社会で、猫は生の肯定の象徴だった。エジプトの宗教は、来世での生活の準備をすることで、死の予感に対処したが、墓の向こうの世界でも生き続けるのだという感覚を保つためには猫を必要とした。猫は死の直前になるまで生しか知らないから、死に支配されていない。エジプト人が、冥界を通り抜ける旅には猫に同行して欲しいと願ったのは当然だ。

死のこととなれば、人間と猫は同じ船に乗っていた。古代エジプトには、人間には魂があり猫にはないなどと考える者はひとりもいなかった。だが、もし魂が死の影響を受けないのであれば、人間の魂がどんなに頑張ったところで、猫の魂のほうが不死に近い。

6　猫と人生の意味

もし猫に人間たちの意味の探求が理解できたなら、彼らはその馬鹿馬鹿しさに、うれしそうに喉を鳴らすだろう。いま生きている猫としての生活が彼らにはじゅうぶんな意味をもっている。それに対して人間は自分たちの生活を超えたところに意味を探すことをやめられない。

意味の探求は、人間の自意識の産物である死の意識と表裏一体だ。人生が終わることを恐れるあまり、人間は宗教や哲学を発明した。宗教や哲学においては、自分が死んだ後も自分の人生の意味はありつづける。だが人間のつくり出す意味は簡単に壊れてしまうため、人間は以前よりももっと大きな恐怖を抱いて生きることになる。自分がつくりあげた物語に支配され、一生、自分が考え出した登場人物になろうと努力しつづける。人間の人生は自分のものではなく、自分の想像のなかで生きている登場人物のものだ。

そういう生き方をしているとどうなるか、その結果のひとつは、人間は自分の物語が壊れるたびにその場で立ち往生してしまうということだ。恋人を失うとか、自分の生活が危険にさらされるとか、家を出ていかなくてはならなくなると、そのたびに物語は壊れる。そうしたとき、人間は自分の人生を悲劇に仕立てて、取り返しのつかない喪失に対処しようとする。だがその対処法は犠牲をともなう。自分の人生を悲劇だと考えることで、人生の意味は得られるかもしれないが、それによって悲しみに囚われてしまう。

猫だってひどい苦しみに耐えることもあれば、その生命が無残にも断ちきられることもある。メイオーの生涯には数々の恐怖があり、その思い出がトラウマとなって、機会があるごとに甦ってきた。ガッティーノは生まれてすぐに苦しみ、おそらく苦しみながら死んでいった。どちらの猫もさんざん痛みを味わったが、どちらもけっして悲劇ではない。苦しみにもかかわらず、どちらの猫も恐れを知らぬ歓びをもってその生涯を生きた。人間にはそういう生き方ができるだろうか。それとも、そういう生き方をするには弱すぎるのだろうか。

猫の本性、人間の本性

「人間の本性」を辞書から削除してしまいたいという人は多い。彼らにいわせれば、人間は自分で自分を創造するものだ。他の動物とはちがって、人間は自分のなりたいものになれる。

人間の本性について語ることは、その自由を制限してしまい、その結果、人間は恣意的な規範の力に支配されることになる。

こういう考え方をポストモダニズムという。この思想はジャン・ボードリヤールとかリチャード・ローティによって提唱され、多くの思想家が後に続いた。初期のジャン＝ポール・サルトルが説いた実存主義は、人間には本性がなく、彼らがつくりあげた歴史があるだけだ、と考えた。ロマン主義者たちはひとりひとりの人生を芸術作品のようにしたいと願い、優れた芸術作品は無から生まれると信じた。だが、他の生物と同じく進化による偶然の産物である人間が、自分独自の本性をつくりあげることなどできるはずがあろうか。なるほど、人間という動物は人工的な自然をつくりあげる。それが、パスカルが次のように書いたときに言わんとしたことのひとつだ。「習慣は第二の自然であり、これが第一の自然を破壊する。だが自然とは何か。自然でない習慣とは何か。ひょっとしたら自然そのものが第一の習慣にすぎないのではないだろうか。習慣が第二の自然であるように(1)」。だがこの第二の本性はパスカルが考えていたよりもっと表面的なものかもしれない。

ロシアの作家ワルラム・シャラモフは北極圏の強制収容所で十五年間すごした。そこでは冬の平均気温は氷点下五〇度で、平均寿命は三年だった。シャラモフの書いているところでは、数週間、極度の寒さ、飢え、過度の労役、打擲がすべての者の人間性を破壊した。シャラモフの記述には、ごくわずかな親切の例を除いて、「人間精神」の復活を示すものは皆無だ。人間以外の動物だけが善意を示す。仲間を逃がすために猟師の注意を逸らそうとするクマやウソ鳥、囚人をかばって看守に吠えかかるハスキー犬、囚人の魚釣りを助ける猫。

人間は急速に人間性を失ったが、猫は猫であることをやめなかった。だが、もし自分がもっていると信じている本性がほんの数週間で崩れ去ってしまうとしたら、本当に自分自身のものといえるようなものは人間のなかにあるのか。

ポストモダニストたちの意見とは裏腹に、人間の本性というものはある。そのあらわれのひとつは、誰にでも見られる意味の探求だ。だが人間の本性はさまざまに異なる、時にはたがいに矛盾する人生を生み出してきた。ひょっとしたら、人間のひとりひとりが自分自身の本性をもっているという考えもまた形而上学的な虚構のひとつなのだろうか。

個々人の本性という虚構のなかにある真実とは、われわれの誰もが良き人生を選ぶのではなく発見するのだということである。自分の決断によってある行動をしたというときですら、われわれはその経験を自分で決定することはできない。良き人生とは自分が望む人生のことではなく、自分が満たされるような人生のことである。スピノザのいうコナトゥスや、われわれは自分の内なる道に従わねばならないという道教信者たちの信念から、形而上学的な部分を取り除けば、彼らがいわんとしているのはまさにこのことである。

この点において、人間は他の動物と同じだ。人間は他の動物より上でも下でもない。普遍的な価値の物差しなどはなく、存在の大いなる連鎖〔新プラトン主義の宇宙観のこと〕などはない。人生の価値を計る外的な基準は存在しない。人間は人間、猫は猫だ。何がちがうかといえば、猫にとっては人間から学ぶものは何ひとつないが、人間は、人間であることにともなう重荷を軽くするにはどうしたらよいかを、猫から学ぶことができる。

捨てられる荷物のひとつは、完璧な人生はありうるという思い込みだ。人間の人生はかならず不完全なものだ、という意味ではない。人生はどのような完璧の観念よりも豊かだ。良き人生とは、これまでに送ったかもしれない、あるいはこれから送るかもしれない人生のことではなく、今すでに手にしている人生のことだ。この点で、猫は人間の教師になれる。彼らは自分が送っていない生活に憧れたりしないからだ。

いかに良く生きるかについて、猫がくれる十のヒント

いかに生きるべきかについて人間に教えることには猫は興味がない。もしあったとしても、モーゼの十戒みたいなものを読み上げたりはしないだろう。とはいえ、どうすればもう少し下

手でない生き方ができるかについて、猫はヒントをくれるかもしれない、と想像することはできる。もちろん猫は、われわれ人間がその助言に従うなどと期待してはいないだろう。きっと猫は遊び心で、つまり自分と、それを受け取る人間のどちらにとっても娯楽になるような形で助言してくれるにちがいない。

1　人間に対して理性的になれと説教しないこと

人間に向かって理性的になれと説教するのは、猫に向かってヴィーガンになれと説得するようなものだ。人間は自分の信じたいことを補強するために理性を用いるが、自分の信じていることが正しいかどうかを発見することはまずない。これは不幸なことだが、これについては誰も何もできない。もし人間の不合理さに嫌気がさしたら、あるいは危険を感じたら、黙って立ち去りなさい。

2　時間が足りないと嘆くのは馬鹿げている

時間が足りないというのは、時間の過ごし方を知らないということだ。目的に役立つことを、あるいは、それ自体が面白いことをしなさい。そうやって生きれば、時間はたっぷりあるはずだ。

3　苦しみに意味を見出すのはやめよ

不幸なとき、自分のみじめさのなかに慰めを求めるかもしれないが、そんなことをすると、それを人生の意味にしてしまう恐れがある。苦しみにしがみつくのはやめよ。そして、しがみついている人たちを避けよ。

4　他人を愛さなくてはならないと感じるよりも、無関心でいるほうがいい

普遍的な愛ほど危険な理想はあまりない。無関心でいるよう努めるほうがよい。それが親切に変わるかもしれない。

5　幸福を追求することを忘れれば、幸福が見つかるかもしれない。

幸福は追いかければ見つかるというものではない。何が自分を幸福にしてくれるのか、わかっていないのだから。そうではなく、いちばん興味のあることをやれば、幸福のことなど何ひとつ知らなくても幸福になれるだろう。

6　人生は物語ではない

人生を物語だと考えると、最後まで書きたくなる。だが、人間は自分の人生がどんなふうに終わるのかを知らない。あるいは、終わるまでに何が起きるかを知らない。台本は捨ててしまったほうがいい。書かれない人生のほうが、自分で思いつくどんな物語よりもはるかに生きる価値がある。

7　闇を恐れるな。大事なものの多くは夜に見つかる

行動する前に考えろと教わってきたことだろう。しばしば、それは良い助言だ。その瞬間にどう感じるかにもとづいて行動することは、考えずに受け入れた使い古しの哲学に従うようなものかもしれないから。だが時には、闇のなかにちらりと見えた暗示に従ったほうがいい。それ

がどこに導いてくれるかは絶対にわからない。

8　眠る喜びのために眠れ

目が覚めたときにもっと働けるように眠るというのは、みじめな生き方だ。得をするためではなく、楽しみのために眠れ。

9　幸福にしてあげると言ってくる人には気をつけろ

幸福にしてあげると言ってくる人は、おそらく自分がちょっぴりあなたより幸福だから、そう言ってくるのだ。彼らにはあなたの苦しみが必要なのだ。それがないと、彼らは生きる意味が減ってしまうからだ。あなたのために生きていると言ってくる人を信用するな。

10　少しでも猫のように生きる術を学べなかったら、残念がらずに気晴らしという人間的な世界に戻れ猫のように生きるということは、自分が生きている人生以上に何も求めないということだ。それは慰めのない人生を意味するから、あなたには耐えられないかもしれない。もしそうだったら、古風な宗教に帰依しなさい。できれば儀式がたくさんある宗教がいい。自分にぴったりの信仰が見つけられなかったら、日常生活に没頭すればいい。恋愛がもたらす興奮と失望、金銭や野心の追求、見え透いた政治ごっこや毎日騒ぎ立てるニュースなどが、じきに空虚感を吹き飛ばしてくれるだろう。

窓際のメイオー

猫の哲学は人間の叡智の探求を後押ししてはくれない。人生そのものが楽しめなかったら、気まぐれや幻想に満足を見出しなさい。死の恐怖と闘ってはいけない。それが鎮まるのを待ちなさい。落ち着きを求めすぎると、いつまでも混乱から抜け出せない。世界に背を向けるのではなく、世界に戻り、その馬鹿らしさを受け入れなさい。

時には自分自身に戻りたくなるかもしれない。自分の物語に無理やり当てはめることなく世界を見つめることは、多くの伝統で熟考と呼ばれている。変えようとせずに事物を見れば、それらの事物が永遠というものを垣間見せてくれる。すべての瞬間は完結していて、移りゆく光景はあたかも時間を超越しているかのように見えてくる。永遠とは事物の異なる次元ではなく、不安を抱かずに見た世界のことである。

人間にとって熟考とは生きることからの小休止である。猫にとって凝視とは生きることそのものの感触だ。メイオーはつねに危険のなかで生き、何時間も危なっかしそうに窓枠にのっていた。眼下に見える世界のなかに意味を探していたのではない。猫が教えてくれるのは、意味を探し求めることは幸福の探求に似た、ひとつの気晴らしにすぎないということだ。人生の意味とは手触りであり、匂いだ。それはたまたまやってきて、気づかないうちに消えてしまう。

謝辞

ペンギン社における私の担当編集者サイモン・ワインダーはたえず励まし続けてくれた。彼と同僚のエヴァ・ホジキンのコメントのおかげで文章は見ちがえるほど良くなった。ワイリー・エイジェンシーにおける私のエージェントであるトレイシー・ボーハンと同僚のジェニファー・バーンスタインは企画段階から一貫して協力的で、あれこれ手伝ってくれた。アダム・フィリップスは本書が追求しているテーマについて、長年にわたって私の頭を刺激してくれた。彼のコメントは無くてはならないものだった。ブライアン・アップルヤード、ロバート・コールズ、マイケル・リンド、ポール・シュッツェ、ウィル・セルフ、ジョフリー・スミス、シェイラ・スティーヴンズ、マリーナ・ヴェイジーとの会話は本書執筆に大いに役立った。

四匹の猫も欠かすことのできない貢献をしてくれた。バーミーズの姉妹であるソフィーとサラ、バーマンの兄弟であるジェイミーとジュリアンは、三十年近くの間、私の大事な伴侶だった。この本を書いていたとき、ジュリアンは二十三歳で、まだ生活を楽しんでいた。

いつもながら妻の美枝子にはいちばん感謝している。彼女がいなかったら、何も始まらなかっただろう。

ジョン・グレイ

註

1　猫と哲学

1. この合理主義的宗教観については以下の拙著で論じた。*Seven Types of Atheism* (London: Penguin Books, 2019), pp. 9–14.
2. Arthur Schopenhauer, *The World as Will and Representation*, vol. 2, translated by E. F. J. Payne (New York: Dover Publications, 1966), pp. 482–3. 〔ショーペンハウアー『意志と表象としての世界　続編（Ⅲ）』有田潤・塩屋竹男訳、ショーペンハウアー全集7、白水社、一九七四、三九－四〇ページ〕
3. 以下を参照されたい。Peter Godfrey-Smith, *Other Minds: The Octopus and the Evolution of Intelligent Life* (London: William Collins, 2017), Chapter 4, 'From White Noise to Consciousness', pp. 77–105. 〔ピーター・ゴドフリー＝スミス『タコの心身問題――頭足類から考える意識の起源』夏目大訳、みすず書房、二〇一八〕
4. 宇宙の進化をめぐるさまざまな説については以下の拙著で論じた。*The Immortalization Commission: The Strange Quest to Cheat Death* (London: Penguin Books, 2012), pp. 213–19.
5. 人類は宇宙で唯一の意識をもった存在かもしれないという見解については以下を参照されたい。James Lovelock, *Novacene: The Coming Age of Hyperintelligence* (London: Allen Lane, 2019), pp. 3–5. 〔ジェームズ・ラヴロック『ノヴァセン――〈超知能〉が地球を更新する』藤原朝子監訳、松島倫明訳、ＮＨＫ出版、二〇二〇〕
6. Michel de Montaigne, *An Apology for Raymond Sebond*, translated and edited by M. A. Screech (London: Penguin

Books, 1993), p. 17.〔ミシェル・ド・モンテーニュ「レーモン・スボンの弁護」、『エセー4』宮下志朗訳、白水社、二〇一〇、三三ページ〕

7. Montaigne, *Apology for Raymond Sebond*, pp. 16, 17.〔同右、三四ページ〕

8. Sextus Empiricus, *Outlines of Scepticism*, edited by Julia Annas and Jonathan Barnes (Cambridge: Cambridge University Press, 2000), pp. 5-6.〔セクストス・エンペイリコス『ピュロン主義哲学の概要』金山弥平・金山万里子訳、京都大学学術出版会、一九九八、一二ページ〕

9. Montaigne, *Apology for Raymond Sebond*, p. 53.〔前掲書、九三ページ〕

10. Montaigne, *Apology for Raymond Sebond*, p. 54.〔同右、九三ページ〕

11. ヴィトゲンシュタインのホメオパシー的哲学/反哲学については以下を参照されたい。K. T. Fann, *Wittgenstein's Conception of Philosophy* (Singapore: Partridge Publishing, 2015). 補遺のなかで、ファンはヴィトゲンシュタインの後期の仕事と道教の間に親近性を見出している。(pp. 99-114). 哲学に対するモンテーニュの懐疑についてはフーゴー・フリードリヒが説明している。Hugo Friedrich, *Montaigne*, edited with an introduction by Philippe Desan, translated by Dawn Eng (Berkeley, CA: University of California Press, 1991), pp. 301-9.

12. John Laurence, *The Cat from Hué: A Vietnam War Story* (New York: PublicAffairs, 2002), p. 23.

13. Laurence, *The Cat from Hué*, p. 496.

14. Laurence, *The Cat from Hué*, p. 489.

15. Laurence, *The Cat from Hué*, p. 485.

16. Laurence, *The Cat from Hué*, pp. 491, 498-9.

17. Laurence, *The Cat from Hué*, p. 498.

18. Laurence, *The Cat from Hué*, p. 820.
19. Laurence, *The Cat from Hué*, p. 822.
20. Laurence, *The Cat from Hué*, p. 822.
21. 猫の飼い馴らしに関する信頼できる説明は以下の著作にある。Abigail Tucker, *The Lion in the Living Room: How House Cats Tamed Us and Took over the World* (New York and London: Simon and Schuster, 2016), pp. 31-5.〔アビゲイル・タッカー『猫はこうして地球を征服した――人の脳からインターネット、生態系まで』西田美緒子訳、インターシフト、二〇一八、五〇-五八ページ〕
22. Tucker, *The Lion in the Living Room*, p. 32.〔同右、五二ページ〕
23. Tucker, *The Lion in the Living Room*, p. 47.〔同右、七五ページ〕
24. Elizabeth Marshall Thomas, *The Tribe of Tiger: Cats and Their Culture*, illustrated by Jared Taylor Williams (London: Orion Books, 1995), p. 3.〔エリザベス・M・トーマス『猫たちの隠された生活』木村博江訳、草思社、一九九六、一七ページ〕
25. 以下を参照されたい。Peter P. Marra and Chris Santella, *Cat Wars: The Devastating Consequences of a Cuddly Killer* (Princeton, NJ: Princeton University Press, 2016), p. 19.〔ピーター・P・マラ／クリス・サンテラ『ネコ・かわいい殺し屋――生態系への影響を科学する』岡奈理子・山田文雄・塩野崎和美・石井信夫訳、築地書館、二〇一九、三四-三五、一〇六-一〇七ページ〕
26. Carl Van Vechten, *The Tiger in the House* (New York: Dover Publications, 1996), p. 75.
27. Keith Thomas, *Man and the Natural World: Changing Attitudes in England 1500-1800* (London: Allen Lane, 1983), pp. 109-10.〔キース・トマス『人間と自然界――近代イギリスにおける自然観の変遷』山内昶訳、法政大学出版局、

一九八九〕

28. Robert Darnton, *The Great Cat Massacre and Other Episodes in French Cultural History* (New York: Basic Books, 2009), p. 96.〔ロバート・ダーントン『猫の大虐殺』海保眞夫・鷲見洋一訳、岩波現代文庫、二〇〇七〕

29. Van Vechten, *The Tiger in the House*, pp. 74-5.

2　猫はどうして必死に幸福を追求しないのか

1. George Santayana, *Three Philosophical Poets: Lucretius, Dante, Goethe* (New York: Doubleday, Anchor Books, 1953), p. 183.

2. Marcus Aurelius, *Meditations*, translated by A. S. L. Farquharson (Oxford: Oxford University Press, 2008), p. 13.〔マルクス・アウレーリウス『自省録』神谷美恵子訳、岩波文庫、二〇〇七改版、三〇ページ〕

3. Joseph Brodsky, 'Homage to Marcus Aurelius', in Joseph Brodsky, *On Grief and Reason: Essays* (London: Penguin Books, 2011), p. 245.

4. Seneca, *Epistles* 66-92, translated by Richard M. Gummere (Cambridge, MA, and London: Harvard University Press, 2006), pp. 177, 179, 181.〔セネカ『倫理書簡集』高橋宏幸訳、セネカ哲学全集5、岩波書店、二〇〇五、三四一－三四二ページ〕

5. Blaise Pascal, *Pensées*, translated with an introduction by A. J. Krailsheimer (London: Penguin Books, 1966), p. 66.〔ブレーズ・パスカル『パンセ』塩川徹也訳、岩波文庫、二〇一五、上、一六〇ページ〕

6. Pascal, *Pensées*, pp. 67-8.〔同右、上、一六二－一六四ページ。最後の四行はパスカルが線を引いて消した部分で、

グレイが引用している英訳では訳されているが、ここに挙げた邦訳には含まれていない〕

7. Pascal, *Pensées*, pp. 39, 41.〔同右、上、五八、六二ページ〕

8. Michel de Montaigne, 'On diversion', in Michel de Montaigne, *The Complete Essays*, translated by M. A. Screech (London: Penguin Books, 2003), p. 941.〔ミシェル・ド・モンテーニュ「気持ちを転じることについて」、『エセー6』宮下志朗訳、白水社、二〇一四、一〇六－一〇七ページ〕

9. Montaigne, *Complete Essays*, 'On affectionate relationships', pp. 205–19.〔モンテーニュ「友情について」、『エセー2』宮下志朗訳、二〇〇七、一八－四四ページ〕

10. Pascal, *Pensées*, p. 59.〔前掲書、上、一三四－一三五ページ〕

11. Pascal, *Pensées*, 'The Memorial', pp. 309–10.〔同右、下、二四－二七ページ〕

12. Pascal, *Pensées*, p. 60.〔同右、上、一四〇ページ〕

13. Pascal, *Pensées*, p. 44.〔同右、上、七七ページ〕

14. パスカルの賭けについては *Pensées*, pp. 149–55.〔同右、中、四八－五七ページ〕

15. Pascal, *Pensées*, p. 274.〔同右、中、五〇五－五〇六ページ〕

16. Pascal, *Pensées*, p. 95.〔同右、上、二五八ページ〕

17. James Boswell, *Life of Johnson*, edited by R. W. Chapman (Oxford: Oxford University Press, 1980), p. 368.〔ジェイムズ・ボズウェル『サミュエル・ジョンソン伝1』中野好之訳、みすず書房、一九八一、三八六ページ〕

18. Samuel Johnson, *The History of Rasselas, Prince of Abissinia*, edited by Thomas Keymer (Oxford: Oxford University Press, 2009), p. 42.〔サミュエル・ジョンソン『幸福の探求——アビシニアの王子ラセラスの物語』朱牟田夏雄訳、岩波文庫、二〇一一、七九ページ〕

19. Christopher Smart, 'For I will consider my Cat Jeoffry'. いくつものアンソロジーに収録されているが、たとえば次の本で読める。*The Sophisticated Cat*, edited by Joyce Carol Oates and Daniel Halpern (London: Pan Books, 1994), pp. 61–4.［スマートの『ラムの歓び』(*Jubilate Agno* 英 *Rejoice in the Lamb*）の一部。この詩は二〇世紀になってから発見され、一九三九年に出版された。なお、ベンジャミン・ブリテンは一九四三年にこの詩によるカンタータを作曲している］

20. Johnson, *The History of Rasselas*, p. 93 ［前掲書、一八六ページ］

3　猫の倫理

1. Pascal, *Pensées*, p. 47.［前掲書、上、八九ページ］
2. 以下を参照されたい。Alasdair MacIntyre, *After Virtue: A Study in Moral Theory*, 3rd edn (London: Bloomsbury Academic, 2007), pp. 27–41.［アラスデア・マッキンタイア『美徳なき時代』篠崎榮訳、みすず書房、一九九三、二九－四四ページ］
3. 以下を参照されたい。Bernard Williams, *Ethics and the Limits of Philosophy* (London: Routledge, 2011), Chapter 10, 'Morality, the Peculiar Institution', pp. 193–218.
4. Aristotle, *History of Animals*, translated by D'Arcy Wentworth Thompson (Whitefish, MT: Kessinger Publishers, 2004).［アリストテレース『動物誌　上下』島崎三郎訳、岩波文庫、一九九八、九九］
5. イルカの良き生活については以下を参照されたい。Alasdair MacIntyre, *Dependent Rational Animals: Why Human Beings Need the Virtues* (London: Duckworth, 1999), pp. 23–6.［アラスデア・マッキンタイア『依存的な理性的動

物——ヒトにはなぜ徳が必要か』高島和哉訳、法政大学出版局、二〇一八〕

6. 以下を参照されたい。A. C. Graham, *Disputers of the Tao: Philosophical Argument in Ancient China* (La Salle, IL: Open Court, 1989), pp. 13–14, 191–2.

7. 自然選択は目的のない過程であるというみずからの理論にダーウィンが一貫して固執できなかったことについて、著者は以下の著作で論じた。*Seven Types of Atheism* (London: Penguin Books, 2019), pp. 54–5.

8. 以下の拙著を参照されたい。*Straw Dogs: Thoughts on Humans and Other Animals* (London: Granta Books, 2002).〔ジョン・グレイ『わらの犬——地球に君臨する人間』池央耿訳、みすず書房、二〇〇九〕

9. Antonio Damasio, *Looking for Spinoza* (London: Vintage Books, 2004), pp. 170–71.〔アントニオ・R・ダマシオ『感じる脳——情動と感情の脳科学　よみがえるスピノザ』田中三彦訳、ダイヤモンド社、二〇〇五、二二二–二二四ページ〕。なお、ダマシオは以下の著書においても、精神と肉体の統一について非常に興味深い議論を展開している。Damasio, *Self Comes to Mind: Constructing the Conscious Brain* (New York, Pantheon Books, 2010)〔アントニオ・R・ダマシオ『自己が心にやってくる——意識ある脳の構築』山形浩生訳、早川書房、二〇一三〕

10. Stuart Hampshire, 'Spinoza and the Idea of Freedom', in *Spinoza: A Collection of Critical Essays*, edited by Marjorie Grene (Garden City, NY: Anchor Press/Doubleday, 1973), pp. 303–4. Reprinted in Stuart Hampshire, *Spinoza and Spinozism* (Oxford: Clarendon Press, 2005), pp. 182–4.

11. Hampshire, 'Spinoza and the Idea of Freedom', p. 312.

12. 以下を参照されたい。Daniel M. Wegner, *The Illusion of Conscious Will* (London: MIT Press, 2002).

13. Hampshire, *Spinoza and Spinozism*, p. 13.

14. Hampshire, *Spinoza and Spinozism*, p. 13.

15. Benedict Spinoza, *Ethics; and Treatise on the Correction of the Intellect*, translated by Andrew Boyle, revised by, and with an introduction and notes by, G. H. R. Parkinson (London: J. M. Dent, 1993), pp. 172–3. [ベネディクト・スピノザ『エチカ（倫理学）』畠中尚志訳、岩波文庫、一九五一、下、七四－七五ページ]

16. Thomas Hobbes, *Leviathan*, edited with an introduction and notes by J. C. A. Gaskin (Oxford: Oxford University Press, 2008), p. 66. [トマス・ホッブズ『リヴァイアサン1』角田安正訳、光文社古典新訳文庫、二〇一四、一七一ページ]

17. Spinoza, *Ethics; and Treatise on the Correction of the Intellect*, p. 89. [前掲書、上、二一三ページ]

18. Spinoza, *Ethics; and Treatise on the Correction of the Intellect*, p. 183. [同右、下、九五－九六ページ]

19. 以下を参照されたい。 Stephen Lukashevich, *Konstantin Leontev (1831–1891): A Study in Russian 'Heroic Vitalism'* (New York: Pageant Press, 1967), Chapter V.

20. 著者は以下の評論で実際的利他主義を批判した。 'How & How Not to Be Good', *New York Review of Books*, 21 May 2015, reprinted as 'How Not to Be Good: Peter Singer on Altruism', in *Gray's Anatomy: Selected Writings*, new edition (London: Penguin Books, 2016), pp. 482–91.

21. Philip Kitcher, *The Ethical Project* (Cambridge, M A : Harvard University Press, 2011), p. 7.

22. Paul Wienpahl, *The Radical Spinoza* (New York: New York University Press, 1979), pp. 89–90.

23. Jon Wetlesen, *The Sage and the Way: Spinoza's Ethics of Freedom* (Assen: Van Gorcum, 1979), p. 317.

24. Atsuko Saito, Kazutaka Shinozuka, Yuki Ito and Toshikazu Hasegawa, 'Domestic cats (*Felis catus*) discriminate their names from other words', *Scientific Reports* 9 (5394), 4 April 2019.

25. 関心と気晴らしに関する洞察深い議論については以下を参照されたい。 Adam Phillips, *Attention Seeking* (London:

Penguin Books, 2019).

26. 以下を参照されたい。Eugen Herrigel, *Zen in the Art of Archery: Training the Mind and Body to Become One*, translated by R. F. C. Hull (London: Penguin Books, 2004).〔オイゲン・ヘリゲル『新訳 弓と禅』魚住孝至訳、角川ソフィア文庫、二〇一五〕

4　人間の愛vs猫の愛

1. Judith Thurman, *Secrets of the Flesh: A Life of Colette* (London: Bloomsbury, 1999), p. 397.
2. Colette, 'The Cat', in Colette, *Gigi and The Cat*, translated by Roger Senhouse (London: Vintage Books, 2001), p. 108.〔コレット『牝猫』工藤庸子訳、岩波文庫、一九八八、八七－八八ページ〕
3. Colette, 'The Cat', p. 155.〔同右、一七五ページ〕
4. Colette, 'The Cat', p. 157.〔同右、一八〇ページ〕
5. J. R. Ackerley, *My Dog Tulip* (New York: New York Review of Books, 2011).
6. Andrew Wilson, *Beautiful Shadow: A Life of Patricia Highsmith* (London: Bloomsbury, 2003), p. 333.
7. 猫愛に関するいくつかの深い観察については以下を参照されたい。Jeffrey Masson, *The Nine Emotional Lives of Cats: a Journey into the Feline Heart* (London: Vintage, 2003), pp. 53–59.
8. Wilson, *Beautiful Shadow*, pp. 331, 332, 267.
9. Wilson, *Beautiful Shadow*, p. 331.
10. Wilson, *Beautiful Shadow*, p. 331.

11. Wilson, *Beautiful Shadow*, p. 331.

12. Patricia Highsmith, 'Ming's Biggest Prey', in her *The Animal-Lover's Book of Beastly Murder* (London: Penguin Books, 1979), pp. 57-8.〔パトリシア・ハイスミス「最大の獲物」吉野美恵子訳、『動物好きに捧げる殺人読本』、東京創元社、一九八六、七八ページ〕

13. Highsmith, 'Ming's Biggest Prey', p. 67.〔同右、九〇－九一ページ〕

14. Highsmith, 'Ming's Biggest Prey', p. 68.〔同右、九一ページ〕

15. 以下を参照されたい。Patricia Highsmith, *Zeichnungen* (Zurich: Diogenes, 1995).

16. Germaine Brée, *Marcel Proust and Deliverance from Time* (London: Chatto and Windus, 1956), pp. 99-100.

17. Junichirō Tanizaki, *In Praise of Shadows*, translated by Thomas J. Harper and Edward G. Seidensticker (London: Vintage Books, 2001), p. 46.〔谷崎潤一郎『陰翳礼賛』、谷崎潤一郎全集17、中央公論新社、二〇一五、二〇九ページ〕

18. Tanizaki, *In Praise of Shadows*, p. 20.〔同右、一九二－一九三ページ〕

19. Tanizaki, *In Praise of Shadows*, p. 20.〔同右、一九二ページ〕

20. Junichirō Tanizaki, *A Cat, a Man, and Two Women*, translated by Paul McCarthy (London: Daunt Books, 2017), pp. 4-5.〔谷崎潤一郎『猫と庄造と二人のをんな』、中公文庫、二〇一三、八－一〇ページ〕

21. Tanizaki, *A Cat, a Man, and Two Women*, pp. 103-4.〔同右、一〇八ページ〕

22. Tanizaki, *A Cat, a Man, and Two Women*, p. 120.〔同右、一二五－一二六ページ〕

23. メアリー・ゲイツキルの回想は最初『グランタ・マガジン』(2009, issue 107) に発表され、後に彼女の評論集に再録された。*Somebody with a Little Hammer* (New York: Vintage Books, 2018), pp. 131-79.

24. 以下を参照されたい。Parul Sehgal, 'Mary Gaitskill and the Life Unseen', *The New York Times*, 2 November 2015.
25. Mary Gaitskill, *This is Pleasure* (London: Serpent's Tail, 2019).
26. Gaitskill, 'Lost Cat: A Memoir', in *Somebody with a Little Hammer*, p. 134.
27. Gaitskill, 'Lost Cat', p. 131.
28. Gaitskill, 'Lost Cat', p. 135.
29. Gaitskill, 'Lost Cat', pp. 135–6.
30. Gaitskill, 'Lost Cat', pp. 136–7.
31. Gaitskill, 'Lost Cat', p. 137.
32. Gaitskill, 'Lost Cat', p. 138.
33. Gaitskill, 'Lost Cat', p. 137.
34. Gaitskill, 'Lost Cat', p. 138.
35. Gaitskill, 'Lost Cat', p. 146.
36. Gaitskill, 'Lost Cat', pp. 149–51.
37. Gaitskill, 'Lost Cat', p. 151.
38. Gaitskill, 'Lost Cat', p. 154.
39. Giatskill, 'Lost Cat', p. 173.
40. Gaitskill, 'Lost Cat', p. 171.
41. Gaitskill, 'Lost Cat', p. 158.
42. Gaitskill, 'Lost Cat', pp. 162–3.

43. Gaitskill, 'Lost Cat', p. 179.

44. Mary Gaitskill, 'Victims and Losers: A Love Story', in *Somebody with a Little Hammer*, p. 82.

5　時間、死、そして猫の魂

1. Nicolas Berdyaev, *Self-Knowledge: An Essay in Autobiography*, translated by Katharine Lampert (San Rafael, CA: Semantron Press, 2009), pp. 319–20, 323.［ニコライ・ベルジャーエフ『わが生涯——哲学的自叙伝の試み』志波一富、重原淳郎訳、ベルジャーエフ著作集8、白水社、一九六一、四五二－四五九ページ］

2. 以下の著作は、レーニンによるロシア知識人追放について生き生きと描いている。Lesley Chamberlain, *The Philosophy Steamer: Lenin and the Exile of the Intelligentsia* (London, Atlantic Books, 2006).

3. Berdyaev, *Self-Knowledge*, pp. 291–2.［前掲書］

4. Doris Lessing, *On Cats* (London: HarperCollins, 2008), pp. 86–7.［ドリス・レッシング『なんといったって猫』深町真理子訳、晶文社、一九八〇、一〇一－一〇三ページ］

5. Lessing, On Cats, pp. 97–8.［同右、一一一－一一四ページ］

6. Felipe Fernández-Armesto, *Out of Our Minds: What We Think and How We Came to Think It* (London: Oneworld Publications, 2019), pp. 35–7.

7. 以下に挙げる雑誌にサム・キーンとアーネスト・ベッカーの長い対談が掲載されている。'The heroics of everyday life: a theorist of death confronts his own end', *Psychology Today*, April 1974.

8. Ernest Becker, *The Denial of Death* (London: Souvenir Press, 2011, reprinted 2018), p. 199.［アーネスト・ベッカ

ー『死の拒絶』今防人訳、平凡社、一九八九、三一五－三一六ページ］

9. Becker, *The Denial of Death*, p. 201.［同右、三一八ページ］
10. Ernest Becker, *Escape from Evil* (New York: The Free Press, 1975), pp. 113–14.
11. 不死のイデオロギーとしてのボリシェヴィズムについて、詳しくは以下の拙著を参照されたい。*The Immortalization Commission: The Strange Quest to Cheat Death* (London: Penguin Books, 2012).
12. 拙著 *The Immortalization Commission*, pp. 213–16. を参照されたい。
13. 仏教における死の探求について、著者は以下の拙著で論じている。*Straw Dogs: Thoughts on Humans and Other Animals* (London, Granta Books, 2002), pp. 129–30.［前掲書一三五－一三六ページ］
14. 'Tess's Lament', in *Thomas Hardy: Selected Poetry*, edited with an introduction and notes by Samuel Hynes (Oxford: Oxford University Press, 1996), p. 40.［トマス・ハーディ「テスの嘆き」、『ハーディ詩集』大貫三郎訳、海外詩文庫10、思潮社、一九九七、五三ページ］
15. Ludwig Wittgenstein, *Tractatus Logico-Philosophicus*, translated by C. K. Ogden, with an introduction by Bertrand Russell (New York: Dover Publications, 1999), section 6.4311, p. 106.［ルートヴィヒ・ヴィトゲンシュタイン『論理哲学論考』丘沢静也訳、光文社古典新訳文庫、二〇一四、一四二ページ］
16. Jaromir Malek, *The Cat in Ancient Egypt* (London: British Museum Press, 2017), pp. 75–6.
17. John Romer, *A History of Ancient Egypt from the First Farmers to the Great Pyramid* (London: Penguin Books, 2013), p. xix.
18. Malek, *The Cat in Ancient Egypt*, p. 55.
19. Malek, *The Cat in Ancient Egypt*, p. 51.

20. Malek, *The Cat in Ancient Egypt*, p. 89.

21. Malek, *The Cat in Ancient Egypt*, pp. 75, 100.

6　猫と人生の意味

1. Blaise Pascal, *Pensées*, translated with an introduction by A. J. Krailsheimer (London, Penguin Books, 1966), p. 61.
〔前掲書、上、一四四ページ〕

（訳者付記）　引用文献について。本文中に訳者名を明記したものを除き、原書における英語引用文から訳者が翻訳した。ただし読者の便宜を考え、邦訳がある場合には註に、邦訳が複数ある場合は、入手しやすいものだけを挙げておいた。したがって、本書における引用文と邦訳はかならずしも一致しない。

訳者あとがき

最近、ほとんど猫を見かけなくなった。その理由は単純で、野良猫がほとんど駆除され、飼い猫はもっぱら家の中で飼われているからだ。それに対して、犬はよく見る。見ない日はない。犬もまた家の中で飼われるようになり、犬小屋というものは見かけなくなったが、猫とちがって散歩をする。私の住んでいる家の前の道路は犬の散歩コースらしく、毎朝毎夕、夥しい数の犬（とその飼い主）が往来している。

今から四年前の二〇一七年、猫の飼育数が犬のそれを抜いたというのがちょっとした話題になった。調査開始以来、初めて猫が犬を上回ったのである。調査が開始されたのは一九九四年のことだから、それ以前のことはよくわからないが、これまでずっと飼い犬のほうが猫よりも多かったのではなかろうか。あくまで私の勝手な推測だが。

猫が犬を上回ったといっても、その差はわずかだから、飼われている犬も猫もほとんど同数と考えて良かろうと思うし、これをもって猫派が犬派を凌駕したと結論するのは早計だろう。ただし、犬の飼い主と猫の飼い主とではずいぶん人間のタイプが異なるように思われる。統計にもとづいているわけではなく、私が抱いている勝手なイメージに過ぎないのだが、企業の社長に代表されるような権力者が好むのは犬だろう。猫を飼っている会社経営者には会ったことがない。一方、哲学者、思想家、作家、アーティストの類は圧倒的に猫派だ。この差には意味がある。犬は、一言でいえば「人間もどき」である。犬との「友情」が語られ、犬の忠誠心が賞讃されるのは、そのためだ。それとは対照的に、猫は人間とは異次元に生きている。

猫の写真家として有名な岩合光昭氏は、「猫の動きは見ていて飽きません。便利な生活の中で私たち現代人が眠らせてしまった野生を揺り起こしてくれます。[……]猫の自由さに触れるたび、原点に立ち返る大切さを思い出します」（朝日新聞デジタル、２０１７・12・22）と語っているが、本書の著者ジョン・グレイは同じことを違う言葉で語っている。

本書の著者によれば、猫は、「いかに生きるか」という人間が抱える最も重要な問いに対して、重要なヒントを与えてくれる。

書店に行けばわかるが、猫について書かれた本、いわゆる「猫本」は「犬本」よりもはるかに多い。それは右のような理由によるのだろう。本書もまた広い意味では「猫本」の一冊ということになるのだろうが、高名な哲学者が猫に対する愛情を切々と綴るといった内容ではない。原題は *Feline Philosophy: Cats and the Meaning of Life*（『猫の哲学――猫と、生きることの意味』）であるが、ピーター・ミルワード『ネコの哲学』（秀英書房、一九九六）という同名の本がすでにあるということもあり（原題も同じ）、著者ジョン・グレイの言いたいことを少しでもわかりやすく伝えることができればと思い、ご覧のような邦題とした。

本書のテーマは「いかに生きるかについて、われわれ人間は猫から何を学びうるか」である。「猫から何か学べるだろうか」ではない。すなわちこのテーマは「われわれ人間は猫から学ぶべきことが大いにある」ということを前提にしている。

地球上のあらゆる生物のなかで、人間だけは特殊な生物で、他のすべての生物とは異なっている。「異なっている」ことは「他より優れている」ことを意味しないにもかかわらず、多くの人間は、人類は他のすべての生物より優れており、進化の頂点にいると思い込んでいる。そうした思い込みに対して、著者グレイはかねてから警告を発し続けてきた。人類は、他の生物より優れているどころか、他の生物にはおそらく見られない「人間だけの」問題を抱えるはめになった。それは死の恐怖である。その恐怖から逃れるために、人間は宗教を、そして哲学を生んだ。宗教は素朴で原始的であり、哲学のほうが高級だと多くの人が考えているが、グレイによれば、大した差はない。多くの宗教は「来世」という概念を発明してその恐怖を解消しようとし、哲学者たちも、たとえばプラトンはイデアという観念によって死の恐怖を遠ざけようとした。だが現在のところ、宗教も哲学も、死の恐怖を拭い去るには至っていない。

別の言い方をすると、人間は死の恐怖から逃れるため、人生を物語にするという対策を考え出した。だがそのために皮肉にも、幸福な人生は現実ではなく物語の中にのみ存在することになり、人間は生涯それを追い求める結果になった。

では、そうした人間に対して、スーパーリアストである猫は何を教えてくれるのか。それは訳者がここで説明するまでもないだろう。本文中に明快に書かれている。

著者のジョン・グレイ（一九四八― ）は、イギリスの高名な政治哲学者。生まれたのはスコットランドとイングランドの国境に近いサウス・シールズで、同郷人には動物記で名高いシートンや、映画監督のジェイムズ・キャメロンなどがいる。『自由主義論』、『グローバリズムという妄想』、『わらの犬』、『ユートピア政治の終焉』など、代表的著作はいずれも邦訳されている（詳細は著者略歴を参照されたい）。

最近、動物名をカタカナで表記することが多い。そうした流れに逆らって、本書では原則として漢字を用いたが、カタカナで表記したものも少なくない。不統一をお許し願いたい。

みすず書房編集部の尾方邦雄さんとはもう三十年以上のお付き合いになるが、今回もまた、足もとのおぼつかないランナーにとって、じつにありがたい伴走者だった。記して謝意を表します。

二〇二一年八月

訳者識

著者略歴

(John Gray)

1948年生まれ．イギリスの政治哲学者．オックスフォード大学で博士号取得後，オックスフォード大学，ハーヴァード大学，イェール大学その他で教鞭をとり，2008年に引退するまでロンドン・スクール・オブ・エコノミクス教授（ヨーロッパ思想）．著書『グローバリズムという妄想』（日本経済新聞社，1999），『自由主義の二つの顔：価値多元主義と共生の政治哲学』（ミネルヴァ書房，2006），『アル・カーイダと西欧：打ち砕かれた「西欧的近代化への野望」』（阪急コミュニケーションズ，2004），『ユートピア政治の終焉：グローバル・デモクラシーという神話』（岩波書店，2011），『バーリンの政治哲学入門』（岩波書店，2009），『わらの犬：地球に君臨する人間』（みすず書房，2009），他多数．*The Guardian, Times Literary Supplement* その他の紙誌に定期的に寄稿．

訳者略歴

鈴木晶〈すずき・しょう〉1952年生まれ．法政大学名誉教授．専門は精神分析思想史と舞踊史．精神分析思想史の著書に『フロイト以後』（講談社現代新書）など．訳書は，エーリッヒ・フロム『愛するということ』（紀伊國屋書店），エリザベス・キューブラー＝ロス『死ぬ瞬間：死とその過程について』（中公文庫），スラヴォイ・ジジェク『イデオロギーの崇高な対象』（河出文庫），ピーター・ゲイ『フロイト』（みすず書房）など多数．バレエ史の分野で，『踊る世紀』『バレエ誕生』『オペラ座の迷宮』（以上，新書館）『ニジンスキー：踊る神と呼ばれた男』（みすず書房）などの著書，『ニジンスキーの手記　完全版』（新書館），スヘイエン『ディアギレフ：芸術に捧げた生涯』（みすず書房）などの訳書がある．

ジョン・グレイ
猫に学ぶ
いかに良く生きるか
鈴木晶訳

2021年11月1日　第1刷発行
2023年12月4日　第9刷発行

発行所 株式会社 みすず書房
〒113-0033 東京都文京区本郷2丁目20-7
電話 03-3814-0131(営業) 03-3815-9181(編集)
www.msz.co.jp

本文組版 キャップス
本文印刷・製本所 中央精版印刷
扉・表紙・カバー印刷所 リヒトプランニング

ISBN 978-4-622-09049-6
[ねこにまなぶ]